KB106907

[개정판]

비 즈 니 스 성 공 을 위 한

NEW!!
success

비즈니스 일본어

저자 이윤진

제이앤씨
Publishing Company

머리말

중급 레벨의 학습자들이 비즈니스 업무에 필요한 일본어를 학습하는데 좀처럼 적당한 교재를 찾을 수 없어 망설이셨다면, 본 NEW SUCCESS 비즈니스 일본어 교재는 비즈니스 생활 일본어를 비롯하여 업무상의 필요한 고급 경어까지 체계적으로 다루었습니다. 또한, 업무에 도움이 되는 각종 문서 처리와 비즈니스레터작성의 예를 들어 보다 현실적인 비즈니스 업무에 도움이 되도록 하였습니다. 이에 따라, 일본어를 사용하는 비즈니스맨에게 꼭 필요한 지침서라 할 수 있습니다.

비즈니스 일본어에는 일상회화보다 한층 더 엄격한 규칙이 따릅니다. 상황에 맞추어 사용하는 말이 정해져 있으므로 말하는 상대나 장면상의 표현 등을 달리하지 않으면 안됩니다. 다시 말하자면 비즈니스에 있어서 언어의 규칙이라고도 할 수 있습니다.

문법을 익히고, 간단한 일상회화를 마스터한 단계를 지나 비즈니스업무상에 접하게되는 일본인과의 원활한 의사소통은 물론 비즈니스 업무상에 꼭 필요한 문서처리와 더불어 경제·무역·금융·유통 등 다양한 분야에서의 비즈니스용어를 습득함으로써 보다 원활한 비즈니스 활동에서 적절한 커뮤니케이션이 가능하도록 본 교재는 주안점을 두었습니다.

또한 실제 비즈니스 현장에서 이루어지는 적절한 비즈니스 커뮤니케이션을 원하는 학습자들에게 비즈니스 현장과 일본어 교육에 종사해온 경험을 바탕으로 이 책을 편찬하게 되었습니다.

이 교재는 사무실에서 사용되는 회화는 물론, 업무상에 꼭 필요로 하는 여러 종류의 문서를 다루어 다양한 장면에 적응할 수 있도록 학습자들에게 도움을 주려고 합니다.

아무쪼록 본 교재가 비즈니스맨에게 유용하고 폭넓게 활용될 수 있기를 바라며 실전 비즈니스업무에 맞추어 일본어를 학습하는 학습자들에게 있어서 조금이라도 도움이 되었으면 하는 바람입니다.

2023년

李 侖珍

목차

[개정판]

비 즈 니 스   성 공 을   위 한

NEW!!
SUCCESS
비즈니스 일본어

1課 비즈니스 인사

01 挨拶 (인사)

1. お辞儀には …

相手に対するていねいな気持ちを表わすおじぎには背中を伸ばして、心の中で1・2・3を数えながら腰から頭をさげます。

① 会釈 : 고개를 15° 정도로 숙여서하는 가벼운 인사법

② お辞儀 : 고개를 30° 정도로 숙여서하는 보통 인사법

③ 丁寧なお辞儀 : 고개를 45° 정도로 숙여서하는 정중한 인사법

2. お辞儀の仕方

① お辞儀は丁寧に敬意を持ってすること。

② 明るい表情で手は自然に下げること。

③ 目線は床に向けること。

④ お辞儀をするとき丁寧に頭を下げながら1、2、3を数えて頭を上げる。

⑤ 顎を出しながら挨拶するのは大変失礼になる。

3. 挨拶の言葉

♤ 出社したとき → 「おはようございます」「おはよう」

♤ 外出するとき → 「行ってきます」「行って参ります」

♤ 帰社したとき → 「ただ今戻りました」

♤ 退社するとき → 「お先に失礼します」「じゃお先に」

♤ 外出する人に挨拶するとき → 「行っていらっしゃい」

♤ 帰社した人に挨拶するとき → 「ご苦労様でした」「お疲れ様でした」

♤ 退社する人に挨拶するとき → 「ご苦労様でした」「お疲れ様でした」

♤ 来客に挨拶するとき → 「いらっしゃいませ」

♤ お久しぶりに会った人に挨拶するとき → 「ご無沙汰しております」
「お久しぶりです」「久しぶりです」「しばらくでした」

♤ 他社を辞去するとき → 「本日はお忙しいところお時間を割いていただきまして誠にありがとうございました」

 天気のことば

もうすっかり(春・夏・秋・冬)ですね。

だいぶ(涼しく・暖かく・寒く)なりましたね。

今日はとても(暑い・寒い・涼しい／いい天気)ですね。

今日はあいにく雨ですね。

4. 天気に関する挨拶言葉 ☀ ☁ ☁ ☂ ☃

清　水：部長、おはようございます。ところでなかなか春らしくなりませんね。

部　長：おはよう。そうね。毎日がうっとうしい天気だね。

清　水：でも、今朝の天気予報によると一雨だそうです。

部　長：降ったらいいな。そろそろ花粉も来そうだし。

清　水：そうですね。あっ、部長、いいおしめりですね。

Part 2

課　長： 小林君、おはよう。

小　林： あー 課長、おはようございます。課長、道端に
氷りがはってましたよ。

課　長： そうね。今日はずいぶん冷え込んでるよ。

小　林： そうですね。急に冷え冷えしていますね。

課　長： 何だか今年一番の冷え込みみたいよ。

小　林： 課長、お茶でもいれましょうか。

課　長： 頼むよ。

永　井 ： 課長、おはようございます。

部　長 ： おはよう。

永　井 ： 昨夜はどうもごちそうさまでした。

部　長 ： あれから、まっすぐ帰ったのかね。

永　井 ： 実は、もう一軒行ったんですよ。どうも少々飲み
　　　　　すぎたようです。

松　下 ： 課長、おはようございます。

部　長 ： おはよう。

松　下 ： 永井さん、おはようございます。どうぞお茶でも
　　　　　飲んで目をさまして下さい。
　　　　　うんとこくしておきました。さめないうちにどう
　　　　　ぞ召し上がって下さい。

部　長 ： ありがとう。おいしいね。松下さんのお茶は天下
　　　　　一品だね。

1. 名刺交換のマナー

① 名刺は相手より先に出すこと。

② 受け取った名刺は丁寧に扱うこと。

③ 名刺を出すときは自分の名前を相手に向けて出すこと。

④ 名刺を受け取る時は立ち上がって両手で受け取ること。

⑤ 名刺は必ず名刺入れに入れて持ち歩くこと。

⑥ 名刺はその人の顔と言われるので大事に扱うこと。

2. 名刺交換の決まり

① 名刺は普通前面は日本語で裏面はローマ字表記されている。

② 名刺を渡すときは日本語の面を上にして受け取る相手がそのまま読めるような向きにして渡すこと。

③ 名刺を受け取ったらすぐにしまわずにその場で目を通すこと。

④ 相手の名前がわからない時に相手のいる前で名刺に書き込むのは大変失礼にあたる。

⑤ 自分の席に戻ってから受け取った名刺の名前や日付や特徴などを書き込むこと。

⑥ 名刺に書いてある肩書は他にも役に立つのできちんとメモしておくこと。

3. 初対面のあいさつ

初対面の場合ビジネスシーンでは、名刺を交換して名乗りあいます。第一印象をよくするためにも、折り目正しいあいさつを。

〈名刺を渡す〉

　「○○社の○○と申します。どうぞよろしくお願い致します」

〈名刺を受けとる〉

　「ありがとうございます」

　「ちょうだいいたします」

　「恐れ入ります」

〈名前を確認〉

　「○○様でいらっしゃいますね」

　「失礼ですが、お名前はどのようにお読みすればよろしいでしょうか」

〈名刺を切らしていた場合〉

　「申し訳ございません。名刺を切らしておりまして、あらためてお持ちいたします」

4. 初対面の挨拶と名刺交換

清　水： 始めまして。私は貿易部の清水と申します。

金銀美： 始めまして。静岡担当の金と申します。ちょうだい致します。
　　　　 失礼ですが、お名前は何とお読みすればよろしいのでしょうか。

清　水： 「ひさよ」と読みます。

金銀美： 「しみずひさよ」様ですね。諸々行き届かない点もあるかとは思いますが、今後ともどうぞ宜しくお願い致します。

清　水： いいえ、こちらこそ宜しくお願い致します。

李　　　：始めまして。営業部の李と申します。

小　林：始めまして。営業部1課の小林と申します。

李　　　：いただきます。こばやしさんですね。輸入担当を

　　　　　なさっていらっしゃいますね。

小　林：そうです。韓国と中国を担当しております。

李　　　：申し訳ありませんが、ただ今名刺を切らしており

　　　　　まして。

小　林：あー　そうですか。今度お会いしたらいただきま

　　　　　す。

李　　　：本日は誠に申し訳ございません。今後とも宜しく

　　　　　お願い致します。

小　林：こちらこそ宜しくお付き合いお願い致します。

岡　本：ご無沙汰しております。お変りはありませんか。

松　村：ええ、おかげさまで。

岡　本：ところで、松村さんのところに何回もお電話をし
　　　　たんですが通じなくて。

松　村：あ、すみません。会社が去年の11月に引っ越しを
　　　　したので申し訳ございません。

岡　本：ああー、そうなんですか。では、名刺をいただけ
　　　　ますか。

松　村：すみません。どうぞ。

2課 문서작성 1

01 面接と履歴書

志望動機を聞かれて

「以前から御社の商品が好きで愛用しています。営業をするにも自分の好きな商品であれば、心からお客様におすすめできると思ったからです」

前の会社をやめた理由を聞かれて

「以前担当した仕事で○○にとても興味を持ち、もっと○○に関わった仕事がしたいと思ったからです」

どんな仕事をしていたか聞かれて

「○○を担当していて、○○、○○などを使い書類を作成していました。グラフの作成は得意です」

履歴書を書いてみましょう。

履 歴 書						年　　月　　日現在		写真をはる位置 写真をはる必要が ある場合 1. 縦　36 ～ 40 mm 　　横　24 ～ 30 mm 2. 本人単身胸から上 3. 裏面のりづけ
ふりがな							※男・女	
氏　名							印	
※ 明治 　 大正 　 昭和 　 平成		年	月	日生 (満　　才)	本籍		※ 都 道 　 府 県	
ふりがな 現 在 所 〒							電話 市外局番(　　　　　) - 方(　　　　　方呼出)	
ふりがな 連 絡 先 〒			(現在所以外に連絡を希望する場合のみ記入)				電話 市外局番(　　　　　) - 方(　　　　　方呼出)	

年	月	学歴・職歴(各別にまとめて書く)

記入注意　1. 鉛筆以外の青または黒の筆記具で記入　　　　3. ※印のところは〇でかこむ
　　　　　2. 数字はアラビア数字で、文字はくずさず正確に書く

年	月	免許・資格

得意な学科	健康状態
趣味	志望の動機
スポーツ	

本人希望記入欄(特に給料・職種・勤務時間・勤務地・その他についての希望などがあれば記入)

家 族 氏 名	性 別	年 令	家 族 氏 名	性 別	年 令

通勤時間 約　　　時間　　　分	扶養家族数 (配偶者を除く)　　　人	配偶者 ※ 有・無	配偶者の扶養義務 ※ 有・無

保護者(本人が未成年者の場合のみ記入) ふりがな	電話 市外局番(　　　　)
氏　名	- (　　　　方呼出)

コクヨ

相手に自分のことを十分に知らせるためにどんな内容がその場で一番適切である
かを考えて自己紹介をしてみる。

表現

はじめまして 처음 뵙겠습니다	～と申します ～라고 합니다	宜しくお願いします 잘 부탁드립니다	～で働く ～에서 일하다
～に勤める ～에서 근무하다	生かす 살리다	役に立つ 도움이 되다	～が好きだ ～을 좋아하다

金　　　 : はじめまして、金と申します。どうぞ宜しくお願いします。

鈴　木 : はじめまして、鈴木です。こちらこそ、どうぞ宜しく。金さんは、どんなお仕事をしているんですか。

金　　　 : 私は貿易会社で働いています。

鈴　木 : どうして貿易会社を選んだんですか。

金　　　 : 大学時代のとき専攻した日本語を生かして貿易会社で働くようになりました。

鈴　木 : そうですか。学生時代に学んだ日本語が役に立ちますね。

金　　　 : それはもちろんです。取引先の電話でのご相談や会社に訪れる客との話しぐらいは大丈夫なんですがまだ専門用語については勉強しています。

鈴　木 : そうですか。頑張ってください。それはそうと、趣味はなんですか。

金　　　 : これと言った趣味は別にありませんが、日本の映画を見るのが好きです。

鈴　木 : ああ、そうですか。私も映画を見るのが好きですよ。もし都合がよければ今度一緒に見に行きましょう。では、お仕事頑張ってください。

金　　　 : 宜しくお願いします。

履歴書作成方法

※ 昭和　1926 〜 1989年　平成　1989 〜 2019(4月), 令和 2019(5月)

参考

1926年 → 昭和元年　/　1950年 → 昭和25年

1980年 → 昭和55年　/　1981年 → 昭和56年　/　1982年 → 昭和57年

1983年 → 昭和58年　/　1984年 → 昭和59年　/　1985年 → 昭和60年

1986年 → 昭和61年　/　1987年 → 昭和62年　/　1988年 → 昭和63年

1989年 → 昭和64年　/　1989年 → 平成1年　/　1990年 → 平成2年

1991年 → 平成3年　/　1992年 → 平成4年　/　1993年 → 平成5年

1994年 → 平成6年　/　1995年 → 平成7年　/　1996年 → 平成8年

1997年 → 平成9年　/　1998年 → 平成10年　/　1999年 → 平成11年

2000年 → 平成12年　/　2001年 → 平成13年　/　2002年 → 平成14年

2003年 → 平成15年　/　2004年 → 平成16年　/　2005年 → 平成17年

2010年 → 平成22年　/　2011年 → 平成23年　/　2012年 → 平成24年

2019年 → 令和1年　/　2020年 → 令和2年　/　2021年 → 令和3年

2022年 → 令和4年　/　2023年 → 令和5年

※ 履歴書を送るときは、封筒の宛名を書く左下に赤字で「履歴書在中」と書くようにしましょう。

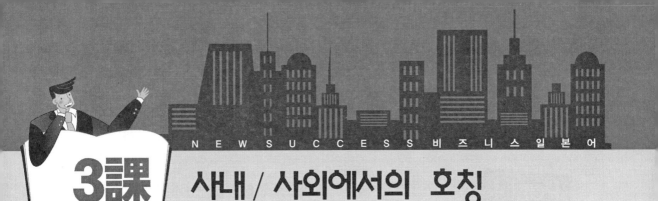

3課 사내/사외에서의 호칭

01 あらたまった言い方

「わたし」を「わたくし」というように、ひとつの言葉でもあらたまった言い方をすると全体が丁寧な印象になります。ビジネスシーンでは重要なので覚えておきましょう。

さっき → 先ほど　　　　　　　　あとで → のちほど

この間 → 先日　　　　　　　　　おととい → 一昨日(いっさくじつ)

きのう → 昨日(さくじつ)　　　　きょう → 本日

あした → 明日(みょうにち)　　　あさって → 明後日(みょうごにち)

ゆうべ → 昨晩、昨夜　　　　　　去年 → 昨年

もうすぐ → 間もなく　　　　　　もう一度 → あらためて

これからも → 今後とも　　　　　こっち、これ、ここ → こちら

そっち、それ、そこ → そちら　　あっち、あれ、あそこ → あちら

どっち、どれ、どこ → どちら　　わりと → 比較的

だんだん →次第に　　　　　　　ちょっと → 少々、しばらく

Part 1　　　　　　　　　　　　　　　　　創立記念の企画案について

金銀美 ： 部長、創立記念の企画案ができあがりました。

部　長 ： うん、持ってこい。(目を通しながら)　金君、よくできているよ。ただこの個所は目で見てすぐ分かるように部署別に書いた方がいいんじゃないかな。

金銀美 ： はい。かしこまりました。書き直して持って参ります。

部　長 ： そうしてもう1部コピーして専務にもお見せしてちょうだい。

金銀美 ： はい。かしこまりました。部長、ところでいつまでに用意したら宜しいのでしょうか。

部　長 ： そうね。再来週が創立記念日だからせめて明後日までにできてほしいな。できるでしょう。

金銀美 ： はい。明後日までに報告します。

清　水： 部長、例の件なんですが、決裁お願いします。

部　長： 田中課長の判はもらってあるね。

清　水： あの、田中課長はただ今ソウル出張中なのでいただいておりません。

部　長： じゃあ、課長はソウルからいつ帰って来るの。

清　水： スケジュールによると来週の火曜日です。

部　長： この件はそんなに至急なものでないから課長が戻ったらまた話そう。

清　水： はい、かしこまりました。

Part 3

企画案の検討

金銀美 ： こちらは小社がご提案した共同企画案と今年開発
した新製品ですが、いかがでございましょうか。

取引先 ： そうですね。見た感じでは製品としては申し分の
ないですが、当社で行われている圧力検査や腐食
検査や性能などの検査に通らないと困りますね。

金銀美 ： それはそうですね。仕入れる前に色んなチェック
をするのは当たり前のことですね。

取引先 ： では、新製品のいくつかの検査が終り次第ご連絡
致します。

金銀美 ： はい、かしこまりました。次は共同企画案のこと
でございますがご検討なさったんですか。

取引先 ： 本社からの報告によると今回の企画案はすぐに取
りかかってもよいと言いました。

金銀美　：　あー　そうでございますか。では、小社の提案に
　　　　　　賛成ということで存じても宜しいですね。

取引先　：　明日の午後2時に本社で打ち合わせがある予定な
　　　　　　んです。
　　　　　　その打ち合わせが終ったら本社の木村から連絡が
　　　　　　あると思います。

金銀美　：　はい、かしこまりました。では、お電話お待ちし
　　　　　　ておりますので。

取引先　：　では、宜しくお願いします。

MEMO

4課 면접시 기본사항

---

01 面接形態

> どんな形態の面接であっても無理にかざる態度や答えよりは誠実な態度で率
> 直淡白に答えたほうが何より大切である。

1. プリゼンテーション 面接

問題解決能力を観察するに主点をおく面接。

面接者の意見若しくは知識、経験などで与えられた主題に自分の見解を堂々
と表す。発表者の声、態度、服装は影響を及ぼす可能性がある。

2. 同僚評価面接

応募者が相互評価する面接。

組別にしてあだな、趣味などの簡単な自己紹介と自由討論を行ったあと自分
の以外に一緒に勤務したい人を順番に書いて提出する。会社では普通10%くら
い反映する。

3. 無資料面接

面接官が応募者の出身地域や学校や成績などの何の基礎資料なしに標準質問書だけで面接する方法。

先入観を排除し客観的で公正な評価ができることがこの面接の特徴である。

4. 宴会面接

自然な雰囲気で互いに格のない話を通じて応募者の適性、知性、価値観、潜在能力などを評価する。

普通応募者6〜8名と面接官2名の組で行われる。

5. 集団討論面接

相手の答えをよく聞く態度と説得力のある自分の論理を相手に伝える能力を見せる。

他の応募者の発言を威しつけったりするのはよくない。

(1) 会社関連質問　(2) 個人に関連する質問　(3) 常識·専攻に関する質問

1. 会社関連質問

❶ 志願動機? 志願するためにどんな努力をしたのか等。

❷ 入社後の勤務地と希望の業務職またそれに応じる理由。

❸ 志願社に対する基礎知識と志願社に対する本人の意見は?(当社の製品等)

❹ 他社に受けたことや地方勤務可能性等。

❺ 合格した後の短期的長期的希望。

❻ 女性志願者の場合結婚後の勤務について。

❼ 自分に取って職業とは何か。

❽ スカウトの提案があれば。

❾ いつまで勤務する予定か。

❿ もし上司と休暇が重なると。

2. 個人に関連する質問

❶ 個人に関する情報 : 履歴書に記載されている本人の生年月日、名前、本籍等を正確に記憶すること。

❷ 家族に関する質問:家族人数? 家庭雰囲気? 家訓? この会社に志願したご両親の考えは?

❸ 学力に関する質問 : 好きな科目は? 専攻、過去の学歴等。

❹ 自分の長所と短所、性格、自分に嫌いな仕事がやらされると。一番思い出にのこるものは。

❺ 人生観や職業観について

❻ 結婚はいつごろ。自分の結婚観は。

❼ 趣味や特技・好きな食べ物・余暇を過す方法は。

❽ もしアルバイトをした経験がある人は (職種、期間、感じたことなど)

❾ 10年後の自分について考えたことがありますか。

❿ 自分の理想は・理想を実現させるためにどんな努力をしますか。

3. 常識・専攻に関する質問

❶ 　一般的にこの部分を通じて受験者がどのくらいに社会状況に関心を持っているのかが観察される。

❷ 一般常識と専門常識をどのくらい知っているのか。

❸ 事物に関する観点若しくは思考力を評価する。

❹ 最近のニュースで関心の持っている部分は。(国内・国外)

❺ 前日当社の株価は?

 面接の時よく聞かれる質問 《就業情報提供業体》

1. 自己紹介(PR)

2. 職務(能力)

3. 経歴(経験)

4. 専攻(知識)

5. 志願動機

調査資料(www.incruit.com)によると多くの企業の人事担当者は上記の1.自己紹介(PR)<16%>について一番多く質問されこのほかに職務(能力)<13.1%>、経歴(経験)<7.6%>、専攻(知識)<7.1%>、志願動機<6.8%>、会社・職務に対する関心<6.3%>、抱負<6.2%>、適性<5.4%>、態度・姿勢<5.2%>などを示した。

O3 実践対比

次の項目を整理し面接成功100%に挑戦してみましょう。

[1]　初対面で明るい人相は何より大事。

[2]　明快な自己紹介の練習。

[3]　面接官の話しに耳を澄まして適当な目線で質問を受けるときに不必要な
　　　　行動をしないこと。

[4]　質問の内容が分からない場合はもたもたしないで「すみませんが、もう
　　　　一度おっしゃっていただけませんか。」とはっきり言う。

[5]　答えは積極的で具体的に話す。

[6]　分からないことの質問をされたときは知っているふりをしたり言い訳を
　　　　したりするのはよくないことで自分の分からないところを認めながら
　　　　もっと努力することを謙譲表現で示す。

[7]　適切な敬語表現を使う。(志願会社　→　貴社)

[8]　分かりやすい言葉で話す。(方言や俗語等は禁物)

[9]　志願会社の正式名を分かっているのか。

[10]　面接日の朝の新聞は必ず読んでおくこと。

[11]　最後まで礼儀正しく面接が終ったら丁寧に挨拶する。

鈴　木： 本日面接の担当鈴木です。宜しくお願いします。
　　　　 お名前はイ ミンジさんですね。

李　　 ： はい、そうです。宜しくお願い申し上げます。

鈴　木： では、家族の紹介をしてください。

李　　 ： はい、四人家族です。父は公務員で母は専業主婦
　　　　 です。弟は高校2年生です。

鈴　木： 今朝起きてここに来るまで何をしましたか。

李　　 ： いつもと同じくテニスをしたあとに朝食をとって
　　　　 から新聞を読みました。

鈴　木： では、今朝の新聞にどんな記事が載ってありましたか。

李　　 ： いろいろありましたがその中で、最近女性たちの
　　　　 職業観が変りつつあることを読みました。
　　　　 最近女性創業者が増えたそうです。

鈴　木： 李さんは当社の翻訳部に志願しましたが、理由は
　　　　 何ですか。

李　　 ： 貴社に志願した理由は人にいうほどではないので
　　　　 すが日本語に関して能力を持っております。

また日韓翻訳と韓日翻訳に興味を持っております。

鈴　木　：　翻訳というのはただ文章をそのまま言葉でなおす
　　　　　　のではないことを知っていますね。
　　　　　　その国の文化にも詳しく知る必要があるんですが
　　　　　　日本の文化に興味があるのは。

李　　　：　日本の文化ですね。
　　　　　　まず言葉も文化の一面と言えますので、私が興味
　　　　　　を持っているのは日本語と茶道と日本の漫画に興
　　　　　　味を持っております。

鈴　木　：　あー　そうですか。もし会社で残業が多くなると
　　　　　　どうしますか。できますか。

李　　　：　出版社の場合は残業が多いとは存じております。
　　　　　　必要に応じて致します。

鈴　木　：　職業観は。

李　　　：　自分にとって職業と言うのは、経済的にも必要と
　　　　　　同時に自分の可能性を発展させることと言えま
　　　　　　す。

鈴　木　：　日本に行ったことがあったらどこが一番思い出に
　　　　　　のこりますか。

李　　：日本は今まで2回行ったことがありますが富士山
　　　　に登ったことが一番記憶にのこります。

鈴　木：自分の理想は何ですか。

李　　：行動力のある人です。誰でも思うことややる気はあ
　　　　るのですが、それを実践するにはなかなか難しいこ
　　　　とで私は思ったことは行動に移すということが理想
　　　　です。

鈴　木：では、三日後に当社から連絡をします。お疲れ
　　　　様。

李　　：はい、宜しくお願い申し上げます。

本　田 : では、面接を始めます。

　　　　旅行会社に志願した動機は何ですか。

南　　 : 学生時代に旅行が好きであちらこちらを歩きまわ

　　　　りました。

　　　　見知らぬところに行ってそこに住んでいる人に出

　　　　会い自分の経験したことのないことを直接経験し

　　　　てみたらだんだん旅行好きになりました。

　　　　それで人にも素晴らしい経験に味わって欲しいの

　　　　で志願しました。

本　田 : あー そうですか。どこが一番印象深かったんです

　　　　か。

南　　 : はい、イギリスのブライトンという所です。

　　　　ロンドンから約2時間くらい離れた所で、自然と

　　　　人との巡合いと昔からのお城がそのまま保存され

　　　　ており本当に人にすすめたい所でした。

本　田 : アルバイトをしたことがありますか。

南　　 : はい、あります。

　　　　夏休みのときにガイドをしたことがあります。

本　田：大変じゃなかったんですか。

南　　：別に大変とは思っておりませんでした。自分の方が良い勉強になりました。

本　田：学生時代に好きな科目は。

南　　：そうですね。英語と地理でした。

本　田：もし会社で海外営業所に行かされるとどうしますか。

南　　：構いません。

本　田：結婚の予定は。

南　　：まだ考えていないのですが、会社である程度認めてもらったあとでゆっくりするつもりでおります。

本　田：はやく認められたらいいんですね。

　　　　さて、休日のときに上司から呼ばれたらどうしますか。

南　　：私が遠くに離れていない限りは会社に出ます。

本　田：旅行社では第2外国語は必修なんですが、何か国語が話せますか。

南　　　：上手ではありませんが、英語と韓国語が話せます。

本　田：いいですね。面接が終ってから何をするつもりで
　　　　すか。

南　　　：そうですね。緊張しまして家に帰ってゆっくりお
　　　　風呂でも入りたいです。

本　田：あまり緊張しないでください。ご苦労さまでし
　　　　た。

南　　　：ありがとうございました。

本　田：では、次の方。

MEMO

5課 허가와 의뢰 / 주문과 예약

01 許可の表現

表現

~てください ~해 주세요	~てくれない ~해 주지 않을래?	~てくれ ~해 줘
~てもらえませんか ~해 줄 수 없겠습니까?	~てもらえない ~해 줄 수 없을까?	~てもらいたい ~해 주었으면 합니다만
~てほしいんですが ~해 주었으면 합니다만	~てほしいんだけど ~해 주었으면 하는데	~てほしいが ~해 주었으면

望　月： 齊藤さん、この書類もういいんですか。

齊　藤： あっ、忘れた! もういいです。

望　月： それなら、もとの場所に戻してくださいよ。

齊　藤： あっ、悪い、悪い。

望　月： いつもこうなんだから。

齊　藤： 途中でお客さんが見えてね…。

望　月： 部長に報告しないといけないから見終ったら早く
　　　　 戻してくださいよ。

齊　藤： はい、はい。

部　長：朴君、これ、大至急お願いしたいんだが、…。

朴珍洙：はい、何でしょうか。

部　長：これ、三時までにできないかな。

朴珍洙：ファイルの片付けですね。

部　長：そう、四時までに本社に持って行かないとまずい
　　　　んだよ。

朴珍洙：はい、かしこまりました。前もやったことがあっ
　　　　たんですのですぐできると思います。

部　長：じゃ、お願い。

李金東 ： 課長、お呼びでしたか。

課　長 ： 李君、実は君にやってもらいたい仕事があるんだが、…。

李金東 ： はい、何でしょうか。

課　長 ： 今度の新発売の販売企画を君に任せたいと思っているんだ。

李金東 ： そんな大役を私が務まるでしょうか。

課　長 ： 君なら十分できるよ。今までのこと通りにやると大丈夫よ。

李金東 ： でも、課長、もっと有能な人がいるのに、…。

課長： 君を見込んで、私が頼むのよ。何があっても私が責任をとるからやってくれない。

李金東 ： はい、喜んでやらせていただきます。

課　長 ： 宜しく頼むね。

表現

申し訳ないんですが 죄송합니다만	悪いんだけど 미안하지만	どうにかなりませんか 어떻게든 안되겠습니까?	なんとかならないで しょうか 어떻게든 안되겠습니까?
ちょっとお願いがあ るんですが 좀 부탁이 있습니다만	至急なんです 아주 급합니다	～ついででいいんです ～하는 김에 라도 좋습니다	とりあえず ～でいいですから 우선 ～라도 좋습니다
～てくださいませんか ～해 주시지 않겠습니까?	～ていただいてもよ ろしいですか ～해 주셔도 괜찮으시겠습니까?	～ていただけませんか ～해 주실수 없겠습니까?	～ていただけないで しょうか ～해 주실 수 없을까요?
～てもらえませんか ～해 줄수 없습니까?	～てもらえない ～해 줄수 없을까?	～ていただきたいん ですが ～해 주셨으면 합니다만	～てもらいたいんで すが ～해 주었으면 합니다만

李在珉：部長、ちょっとよろしいでしょうか。

部　長：何ですか。

李在珉：名古屋商事へ出す企画書なんですが、目を通して
　　　　いただけないでしょうか。

部　長：いいですよ。いつまで？

李在珉：実はお急ぎですので、今日のお昼までにお願いし
　　　　たいんです。

部　長：ずいぶん急だね。

李在珉：本当に申し訳ありません。先方に急に言われまして。

部　長：そうか。困るな。実は今から出かけるところなん
　　　　だよ。悪いけど、私の代わりに橋本課長に見ても
　　　　らってくれる？

李在珉：はい、わかりました。そうします。

金銀美：松本さん、ちょっといいですか。

松　本：はい、何ですか。

金銀美：実は個人的な悩みごとがあって松本さんに聞いて
　　　　もらいたいんだけど、…。

松　本：はい、いいですよ。私で良かったら。

金銀美：今の仕事がどうしても自分に向いてない気がして
　　　　転職しようかと少し悩んでます。
　　　　それで誰かにアドバイスでも受けたいんです。

松　本：それは大変ですね。もしかして部署が変わってか
　　　　らじゃなかったんですか。

金銀美：そうですね。入社した時には総務部でしたけど今
　　　　は営業部になっていくら頑張ってもうまくいかな
　　　　いんですね。

松　本：金さんの気持ちがそうであればどうにもなりませ
　　　　んね。
　　　　まあ林部長に相談してみたらいかがですか。

金銀美：えっ、　林部長ですか。直接は言い辛いですよ。

松　本：だったら、私がお話してみましょうか。

金銀美：そうしていただけますか。ありがとう。

橋　本 ： 部長、ちょっとよろしいでしょうか。

部　長 ： はい。

橋　本 ： 今度の創立記念のパーティーのイベントの件なん
　　　　　 ですが。

部　長 ： それはまだ決ってないんだけど、なんかいいアイ
　　　　　 デアでもあるの?

橋　本 ： 実は私の友達がパーティーのイベントの仕事をし
　　　　　 ているのでもしまだ決ってないことでしたら友達
　　　　　 を紹介させていただきたいのですが。

部　長 ： 今どこで頼んだらいいのかちょうど迷っていたん
　　　　　 だ。紹介してもらうとこっちが助かるよ。

橋　本 ： ああー そうですか。

部　長 ： とりあえずイベントの企画案でもいいから明日中
　　　　　 に来社してもらおうか。

橋　本 ： はい、そうします。ありがとうございます。

取引先に業務上の依頼

① もう少し製品の色を濃くしてもらいますか。

② もう少し納期を早くしてもらえませんか。

③ 物品の価額を3%下げてはいけないでしょうか。

④ できましたら、明日の会議の準備は貴社のほうでやってもらえませんか。

⑤ カタログの郵送をお願いできないでしょうか。

練習Ⅰ

次の例文を使って依頼を断わるときの言葉を完成しなさい。

① 手が離せない。

② 手が空かないんです。

③ 間に合わないと思います。

03 注文 / 予約

1. お客さんを待たせるとき

① 申し訳ございません。急いで会計しておりますので、もうしばらくお待ちいただけますでしょうか。

② 5分ほどお待ちいただけますか。すぐにお会計いたしますので。

③ 少々お待ちいただけますか。直ちにお会計いたしますので。

④ たいへんお待たせして申し訳ございません。あと少しだけお待ちいただけますか。

⑤ お客様、申し訳ございません。いま点検中なんですが、もう少し時間がかかりそうです。10分後にご利用いただけませんか。

⑥ お客様、お待たせいたしました。すぐに会計いたします。

⑦ お忙しい中をお待たせして申し訳ございません。すぐ会計いたします。

⑧ 少々お待ちいただけますか。すぐに処理いたしますので。

⑨ 申し訳ございませんが、少々お待ちいただけますか。すぐに処理いたしますので。

⑩ クレジットカードの承認番号を確認いたしますので、少々お待ちいただけますか。確認でき次第処理いたします。

2. 注文をとるとき

店　員：はい、レストラン「サイゼリア」でございます。

客　　：あの、来週の土曜日の夕方ですが、予約が取れますか。

店　員：はい、承ります。来週の土曜日ですと、15日ですね。

客　　：はい。

店　員：何名様でいらっしゃいますか。

客　　：4人です。

店　員：何時からになさいますか。

客　　：7時ぐらいです。

店　員：はい。お料理はどうなさいますか。

客　　：行ってから注文してもいいですか。

店　員：はい。ご来店いただいてからもけっこうです。

客　　：はい。わかりました。じゃ、そうします。

店　員：では、お名前とお電話番号をお願いいたします。

客　　：松田と申します。電話は080-5735-486です。

店　員：はい。では、もう一度確認させていただきます。
　　　　15日土曜日、7時から4名様。松田様のお名前でご
　　　　予約承りました。

客　　：はい。よろしくお願いします。

店　員：お待ちしております。

堀　部 ： すみません。未来広告ですが、出前お願いします。

桜　軒 ： 毎度どうも。ご注文は?

堀　部 ： 牛丼2つとカツ丼1つと空揚げを二人前。

桜　軒 ： はい、牛丼2つとカツ丼1つと空揚げを二人前ですね。他にはございませんか。

堀　部 ： あの、そばもできますか。

桜　軒 ： はい、できますよ。普通のおそばと山菜そばと天ぷらそばがあります。

堀　部 ： では、山菜そばを1つお願いします。

桜　軒 ： 山菜そばは冷たいのでよろしいですか。

堀　部 ： はい、冷たいので結構です。

桜　軒 ： はい、ありがとうございます。

食べ物に関する表現

豚カツ 돼지고기튀김	豚足 돼지족발	どんぶり 덮밥	親子どん 닭고기와 계란덮밥
掛けうどん 가락국수	すき燒き 쇠고기전골	海苔卷き 김말이	まぐろ刺身 참치 회
するめ 마른 오징어	油揚げ 유부	昆布 다시마	背越し 생선의 뼈를 바르지 않고 만든 회
蕎麥 메밀국수	てんぷら 튀김	豆腐 두부	踊り 산채로 까먹는 새우요리
鯛の刺身 도미회	豌豆豆 완두콩	さば 고등어	さんま 꽁치
海老 새우	梅 매실	わさび 고추냉이	金柑 금귤
つる人参 더덕	しじみのスープ 재첩국	あさり 바지락	さざえ 소라
鰻 장어	河豚 복어	お節料理 정월음식	イクラ 연어나 송어의 알을 소금에 절인 것
もやしラーメン 콩나물 라면	御新香 김치	空揚 닭튀김	懷石料理 일본식 코스요리
燒き魚 생선구이	鉄火丼 회덮밥	煮魚 생선조림	しょうが燒き 돼지고기생강구이

3. 予約をするとき

オペレータ：はい、日本航空予約センターでございます。

木　村：すみません。5月3日の、11時発の京都行き、2枚をお願いします。

オペレータ：はい、5月3日の、13時発の京都行き、2枚でございますね。往復でございますか。

木　村：はい。

オペレータ：恐れ入りますが、5月3日はゴールデンウイークですので少しお調べますので少々お待ち下さい。お待たせしました。誠に申し訳ございませんが、3日の京都行の13時発は満席でございますね。

木　村：では、何時のがありますか。

オペレータ：3日ですと夜の18時しか空いてません。18時でもよろしいでしょうか。

木　村：そうですか。仕方ないですね。では18時にしてください。

オペレータ：お帰りは?

木　村 ： お帰りですか。

オペレータ ： あの、お帰り便はいつがよろしいですか。

木　村 ： ああ、5月7日ですけど最終便は何時ですか。

オペレータ ： 20時30分です。

木　村 ： そうですか。7日の最終便をお願いします。

オペレータ ： はい、かしこまりました。あの全席禁煙になり
ますがよろしいですか。

木　村 ： はい。あの、窓側の席の方がいいんですが。

オペレータ ： かしこまりました。お客さん、お名前と、お年
と、それから連絡先をお願いします。

木　村 ： 木村 哲也、28才、電話番号は03－255－0707です。

オペレータ ： 確認致します。木村 哲也様、28才、電話番号は
03－255－0707、ですね。5月3日の、18時発の京
都行き988便、帰りは5月7日の20時30分987便、
窓側ですね。
それとお客様のご予約番号は112です。ありがと
うございました。

木　村 ： ありがとうございました。

坂　本：実は12月6日のハワイ行きを予約したんですが、6
　　　　日の日は急に都合がわるくなったので6日以後に
　　　　変更してもらいたいんですが。

オペレータ：ただ今担当の者が席をはずしておりますので、
　　　　とりあえずお話だけ伺っておきます。
　　　　6日のほうはキャンセルということですね。

坂　本：はい、そうです。あのー、今予約をしたいんです
　　　　が、6日以後のハワイ行きはいつが空いてますか。

オペレータ：6日以後は今のところ４日後の10日になりますが
　　　　よろしいでしょうか。

坂　本：12月10日ですか。しょうがないんですね。では今
　　　　10日の便をとってください。

オペレータ：はい、かしこまりました。10日のハワイ行きを
　　　　往復で2枚ですね。承りました。
　　　　担当の者が帰りましたら確認のお電話をさしあげ
　　　　ます。
　　　　他にございませんでしょうか。

朴善京 ： 忘年会の予約をお願いしたいんですが。

富士屋 ： はい、ありがとうございます。日にちと人数をお願いします。

朴善京 ： 12月23日、35人です。

富士屋 ： はい、食事の方はお一人様5500円のコースと7500円コースがあります。

朴善京 ： 飲み物は?

富士屋 ： どちらともお一人様ビール2本が付きます。

朴善京 ： お酒を飲まない人もいるので他の飲み物も付きますか。

富士屋 ： はい、もちろんです。ビールの代わりにコーラとジュースがあります。

朴善京 ： では、5500円コースにしてください。

富士屋 ： 何時でよろしいでしょうか。

朴善京 ： そうですね。午後6時にしてください。

富士屋 ： はい、予約を承りました。ありがとうございます。

お客さんにお勧めるとき

- ・ ～はいかがですか。
- ・ この～の(色 / サイズ / スタイル)には…種類あります。
- ・ その～には、この…がよろしいかと思います。
- ・ ～がお客様にはお似合いだと思いますが。
- ・ この(色 / 柄)などはとてもお似合いだと思いますが。
- ・ お客様には少し(大き / 小さ / 地味 / 派手)すぎると思いますが。
- ・ とても(よくお似合いです / お美しいです)ね。
- ・ デザインとカラーがお客様によくお似合いです。

商品の扱いに関する答え

- ・ はい、ございます。
- ・ お客様にぴったりの商品がございます。
- ・ こういう商品はそうめったにございません。
- ・ あいにく品切れとなっております。
- ・ あいにく売り切れてしまいました。
- ・ その商品は在庫がございません。
- ・ 当店では扱っておりませんが。
- ・ そのような商品は取り扱っておりませんが。
- ・ 数に限りがあります。
- ・ ばら売りもございます。
- ・ 申し訳ございませんが、ばら売りはいたしかねます。

はやりの商品のお勧め

- ・ 当店で売れ筋の商品はこちらです。
- ・ 最近このデザインが売れ筋です。
- ・ この商品がうちではベスト商品となっております。
- ・ 最近はこの(色 / デザイン)が流行のようです。
- ・ こちらは最近人気のデザインです。
- ・ これは日本で(有名な / 人気のある)商品だと伺っておりますが。
- ・ サンプルをお見せしましょうか。

6課　문서작성 2

01 取引先にFAXを送る方法

※　FAX送信に必要な項目

- ①　送付先
- ②　FAX番号
- ③　送付元
- ④　日付
- ⑤　要件
- ⑥　送付枚数
- ⑦　受信先

FAX送信のご案内

送付先：ソウル商事	FAX番号：82－2－335－1203
送付元: 李 銀 玉	日付：2023年 5 月 17日 (火)
要 件：サンプル送付	送付枚数：この用紙を含めて 1枚
受信先: 山村 新治	□ 至急　□ ご参考まで　□ ご確認ください □ ご送信ください　　　□ ご回覧ください

매번 각별히 이끌어 주심에 깊이 감사드립니다.

오늘 보낸 샘플은 일본에서 산 것입니다만 가공할 수 있을지 어떨지 판단해주십시오.

또한 제품이 생산되기까지 어느정도 걸릴지 알려주시면 합니다.

바쁘신 중에 죄송합니다.

연락 기다리겠습니다.

休憩室

한국어와 마찬가지로 일본어에서도 신체용어가 들어가는 관용표현이 많습니다. 한국어와 동일하게 사용되는 것도 있지만 다르게 사용되는 것도 많습니다. 여기서 몇 가지를 알아보면서 한국어와 비교해 봅시다.

頭가 붙는 관용구	顔가 붙는 관용구
* 頭に来る : 열받다. 화가나다. * 頭が上がらない : 큰소리를 칠 수 없다. * 頭が堅い : 융통성이 없다. * 頭が切れる : 머리가 명석하다. * 頭が下がる : 머리가 수그러지다. * 頭を抱える : 골머리를 앓다.	* 顔が広い : 아는 사람이 많다. * 顔が利く : 얼굴이 통하다. * 顔が立つ : 체면이 서다. * 顔から火が出る : 낯이 뜨겁다. * 顔に泥を塗る : 얼굴에 먹칠을 하다. * 顔を出す : 출석하다.
手가 붙는 관용구	**口가 붙는 관용구**
* 手が出ない : 손을 쓸 수가 없다. * 手が空く : 틈이 나다. * 手がかかる : 손이 많이 가다. * 手が足りない : 일손이 모자라다. * 手が付けられない : 손을 댈 수가 없다. * 手に余る : 힘에 부치다. * 手に付かない : 손에 잡히지 않는다. * 手を切る : 관계를 끊다. * 手にこまぬく : 수수방관하다. * 手を抜く : 손을 놓다.	* 口が重い : 말수가 적다. * 口が堅い : 입이 무겁다. * 口がうまい : 말솜씨가 좋다. * 口が肥える : 미각이 발달되다. * 口がすっぱくなる : 입이 닳다. * 口車に乗る : 감언이설에 속다. * 口を入れる : 참견하다. * 口を割る : 자백하다. * 口を出す : 말참견하다. * 口に上る : 입에 오르내리다.
肩가 붙는 관용구	**足가 붙는 관용구**
* 肩が凝る : 거북하다. 부담스럽다. * 肩を並べる : 어깨를 겨루다. * 肩を持つ : 편을 들다. * 肩の荷が下りる : 한 짐 덜다. * 肩を落とす :어깨가 축 처지다.	* 足が付く : 꼬리가 잡히다. 탄로나다. * 足を洗う : 나쁜 일을 그만두다. * 足が出る : 초과하다. * 足が棒になる : 너무 걸어서 다리가 뻣뻣해 지다. * 足を伸ばす : 내친김에 ~하다.

腕가 붙는 관용구	顎가 붙는 관용구
* 腕が上がる : 솜씨가 좋아지다. * 腕に覚えがある : 솜씨에 자신이 있다. * 腕をみがく : 실력을 연마하다. * 腕が鳴る : 몸이 근질근질해지다.	* 顎で使う : 가만히 앉아서 남을 부리다. * 顎を出す : 지쳐 버리다.
腰가 붙는 관용구	尻가 붙는 관용구
* 腰が低い : 겸손하다. * 腰を据える : 자리잡다. * 腰を抜かす : 몹시 놀라다.	* 尻を叩く : 재촉하다. * 尻が重い : 행동이 굼뜨다. * 尻が軽い : 경솔하다. * 尻に敷く : 아내가 내주장하다. (尻に敷かれている。부인에게 꽉 잡혀있다.)
鼻가 붙는 관용구	腹가 붙는 관용구
* 鼻に掛ける : 잘난 체하다. * 鼻に付く : 싫증이 나다. * 目と鼻の先 : 아주 가깝다. * 鼻を明かす : 코를 납작하게 하다.	* 腹が立つ : 화가 나다. * 腹が黒い : 엉큼하다. * 腹に据えかねる : 참을 수 없다. * 腹を決める : 결심하다. * 腹を割る : 속을 털어놓다.
耳가 붙는 관용구	骨가 붙는 관용구
* 耳に付く : 귀에 쟁쟁하다. * 小耳に挟む : 언뜻 듣다. * 耳を傾ける : 주위해서 잘듣다. * 耳にたこができる : 귀에 못이 박히다. * 耳をそばだてる。耳をすます : 귀를 기울이다.	* 骨を折る : 몹시 애를 쓰다. * 骨が折れる : 힘이 들다.
目가 붙는 관용구	胸가 붙는 관용구
* 目が利く : 안목이 높다. * 目がない : 몹시 좋아하다. * 目が高い : 안목이 높다. 보는 눈이 있다. * 目に余る : 눈꼴사납다. * 目を盗む : 눈을 속이다.	* 胸を打つ : 감동시키다. * 胸がいっぱいになる : 가슴이 벅차다. * 胸が騒ぐ : 가슴이 두근거리다. (걱정이 되어서) * 胸を張る : 가슴을 떡 벌리다.. * 胸の内 : 속마음.

7課 상담과 의견제안

01 業務上の相談

Part 1

飛行機の切符を予約する

吉　元 ： 部長、少しお時間いただけますか。

部　長 ： うん、いいよ。

吉　元 ： 実は「東京商事」からこのようなFAXが届いたんですが。

部　長 ： 何、ちょっと見せて、(FAXを見ている)

部　長 ： これは困ったな。

吉　元 ： それで部長のご意見をお聞かせ願いたいと思いまして。

部　長 ： まあー、この内容の通りだと日にちが間に合わないよ。そうじゃない。

吉　元 ： そうですね。それであちらには上司と相談した上で改めて返事すると答えておきました。

部　長 ： ここの1と3はどうしても無理だからそう言って。

吉　元 ： はい、かしこまりました。

部　長 ： それと、FAXを送った後に電話を入れて確認しなさい。

吉　元 ： はい。そうしておきます。

林　　：課長、今お時間宜しいでしょうか。

課　長：うん、いいよ。

林　　：実は社内のことで課長にご相談したいことがある
　　　　んですが。

課　長：林君、何か困っているの?

林　　：はい、もっと早く言うべきだったんですが、今ま
　　　　でずっとどうしようか迷って折り入ってご相談し
　　　　ます。

課　長：はい、話していいよ。なんなの。

林　　：今回の研究開発のチームである技術1課とのまと
　　　　まりがつかなくてそれでどうしたらいいのか課長
　　　　にご相談に伺います。

課　長：もう少し詳しく話してくれないか。

林　　：技術2課はすでに今度の研究開発の準備が終り次
　　　　第でおります。そうなのに技術1課はまた別の研
　　　　究に念を入れておりましてまったくまとまりがつ
　　　　かない状態になりました。

締め切りも迫って来るのにどうしたらいいですか
課長。

課　長： そうね。同じチームでまとまりがつかないと困る
ね。じゃ締め切りも近いし仕方がないね。
今度は技術1課と2課が別に出して。

林　　： そうしても構わないでしょうか。

課　長： 仕方ないんじゃない。ライバルが増えるだけだ
よ。結局。

林　　： はい。わかりました。

お時間いただけますか 시간을 내주실수 있습니까	間に合わない 알맞지 않다 (시간에) 맞지않다	答えておく 대답해 두다	念を入れる 정성을 다하다
伺う 방문하다	構わない 괜찮다	折り入って 긴밀히, 각별히	まとまりがつく 통합이 되다

※ あいづちの表現

(1) 同意する時

- 「そうですね。」(그렇군요)　　　　　・「もちろんです。」(물론입니다)
- 「まことに」(참으로)　　　　　　　・「如何にも」「なるほど」(과연)
- 「そうでしょうとも。」(그렇고 말고요)
- 「やはりそうですね。」(역시 그렇군요)　・「異議なし」(이의없음)

(2) 積極的に同意しない時

- 「お説の通りです。」(말씀 대로입니다)
- 「おっしゃる通りです。」(말씀하시는 대로입니다)
- 「私も同じ意見なんです。」(저도 같은 의견입니다)
- 「さあ、どうでしょうか。」(글세, 어떨까요)

(3) 意見に同意できない時

- おっしゃることはよく分かりますが。

  (말씀하시는 것은 잘 알겠습니다만.)

- お気持ちはご察し致します。確かにそのような見方もあると存じますが…。

  (심정은 잘 알겠습니다. 확실히 그와 같은 견해도 있다고 생각합니다만….)

・お言葉を返すようで恐縮なのですが、取引先の返事をもう一度お聞きな

さるのはいかがでしょうか。

(반대하는 것 같아 죄송합니다만, 거래처의 대답을 다시 한번 들어보시는

것이 어떨까요.)

次の文を使い会話をしてみましょう。

① 実は ～ のことですが、どうすれば宜しいでしょうか。

② 実は ～ のことで悩んでおりますが、ご意見をお聞かせいただきたいのですが。

③ 今、時間を割いていただけないでしょうか。

④ 退社間際に申し訳ないのですが。

⑤ 課長に折り入って、

Part 1

村　田： 大村君、今お時間大丈夫なの。

大　村： はい、いいよ。もうすぐお昼だから。

村　田： ちょっと言いにくいんだけど聞いてくれる?

大　村： 何?

村　田： ここではまずいからご飯でも食べながら話した方がいいけど。どう?

大　村： いいよ。社内食堂がいやだったら外に行こうか。

村　田： その方がいいね。じゃ、1階で会おうね。

大　村： はいよ。もうすぐ行くから。

村　田： お願いします。

望　月：　清水さん、今、時間空いてる。

清　水：　空いているよ。

望　月：　僕の話し聞いてくれない?

清　水：　いいよ。何なの?

望　月：　相談に乗ってもらいたいことがあるんだ。

清　水：　いいから言ってよ。

望　月：　一昨日の人事異動でさ。

清　水：　うん。分かってるよ。君駄目だったね。

望　月：　もう2回目なんだよね。今度こそ昇進するのかと
　　　　　確実に思ってたのに。がっかりだよ。

清　水：　気にするなよ。過ぎたことでくよくよしたって仕
　　　　　方ないよ。

望　月：　それはそうけど。仕事が手につかないよ。

清　水：　まあ、いいからまた機会はあるでしょう。
　　　　　次に頑張ればいいんじゃないか。

木　村 ： 部長、個人的なご相談があるんですが、お時間宜しいでしょうか。

部　長 ： あー、今お客さんとお話し中だから後にしようか。

木　村 ： すみません。今晩、お時間いただけないでしょうか。

部　長 ： いいよ。じゃ仕事が終ってからゆっくり話しましょう。

木　村 ： ありがとうございます。

部　長 ： 場所は君が調べておいて。

木　村 ： はい、わかりました。

Part 1 上司に意見を述べる

部　長 ： 今回販売の予定である服のデザインについて意見
　　　　があったら出して。

土　村 ： はい、部長、前回の女性服のデザインはあまり活
　　　　動性がなく色もアンケートの調査によると評判が
　　　　よくなかったんです。
　　　　それで今回は消費者にお召しになって着心地のよい服
　　　　をデザインした方がいいのではないかと思います。

部　長 ： そう言われてみれば、去年の販売率は遙かに低
　　　　かったね。

土　村 ： そうですね。そして色の方も春に向けて暖かい色
　　　　にしたらいいと思います。

部　長 ： 暖かい色とすると。

土　村 ： そうですね。私のお考えでは柔かい色調の中間色
　　　　であるパステルカーラがよさそうです。

部　長 ： パステルカーラかそれがいいね。
　　　　じゃ今回の女性服は土村が責任を持ってやりなさ
　　　　いよ。
　　　　私も期待しているから。頑張って。

土　村 ： はい。かしこまりました。最善を盡くします。

藤　本： 課長、お話ししたいことがあるんですが、お時間
　　　　 よろしいんですか。

課　長： うんいいよ。今ちょうど一休みしようと思ってた
　　　　 んだ。じゃ何?

藤　本： うちの営業課の土曜日出勤の件何ですが、朝会社
　　　　 に出勤してまた外回りすると時間の無駄になりま
　　　　 すのでそこをなんとか配慮していただけません
　　　　 か。

課　長： 実は私もその件について部長に話しておいたんだ

藤　本： あ、そうですか。

課　長： まだ上の方から指示がおりてないからそれまでは
　　　　 待って。

藤　本： はい。わかりました。ありがとうございます。

아랫사람이 윗사람에게 실수했을 때

1. 気がつきませんで失礼いたしました。今後はこのようなことは…。

   (미처 몰라 실례했습니다. 앞으로는 이 같은 일은….)

2. おっしゃる通りです。今後はこのようなことがないと肝に銘じています。

   (말씀하신 대로입니다. 앞으로는 이 같은 일이 없도록 명심하고 있습니다.)

   질책을 받을 때, "무엇인가, 변명이 있느냐?"라고 질문받으면, 이러쿵 저러쿵 변명을 해서는 안된다.

3. 私の考えがまちがっていました。深く反省しております。

   (저의 생각이 잘못되어 있었습니다. 깊이 반성하고 있습니다.)

4. 肝に銘じます。二度としないよう心がけます。十分注意します。

   (마음에 새기겠습니다. 두 번 다시 하지 않도록 조심하겠습니다.

   충분히 주의하겠습니다.)

5. この度不手際につきましては、お詫びのしようもございません。

   (이번 잘못에 대해서는 어떻게 사과해야 좋을지 모르겠습니다.)

6. 私の不徳のいたすところで…。

   (저의 부덕한 탓으로….)

MEMO

8課 문서작성 3

 社内文書

社員に知らせる社内文書を形式に合せ書く練習をしてみましょう。

《 必要な項目 》

① 発信年月日 ………………………… 必ず正確に記入すること
② 受信者名 ………………………… 文書の読み手
③ 発信者名 ………………………… 発信する部署名若しくは名前
④ 件名 ………………………… ( )内は内容を示す
⑤ 本文 ………………………… 要点は記の下にまとめて箇条書にする
⑥ 結語 ………………………… 最後のむすび

文書例

令和5年 6月 20日

社員各位

貿易部常務

<u>内線番号変更について (通知)</u>

　貿易部署の異動に伴い貿易部の内線番号を下記の通り変更しますのでお知らせします。

記

1．内 線 番 号：　貿易第1課　　011～012
　　　　　　　　　　貿易第2課　　013～014
　　　　　　　　　　貿易第3課　　015～016

2．変 更 部 署：　貿易第1課、2課、3課

3．使用開始日：　令和5年 7月 1日

以上

練習 I

上記のように社内文書を作成してみましょう。(社内人事異動)

02 社外文書

社外の取引先に通知をする場合次の項目に合せ作成する。

《 必要な項目 》

　(1) 前付け

　　　① 文書番号　② 発信年月日　③ 受信者　④ 発信者

　(2) 件名

　(3) 頭語

　(4) 本文

　　　① 前文　② 本文　③ 末文

　(5) 結語

　(6) 後付け

文書例

貿100号

令和5年 7月 27日

韓国貿易振興会御中

大阪貿易株式会社
貿易第1課部長前田

貿易センターの設立記念パーティー

拝啓　貴社ますますご繁栄のこととお喜び申し上げます。

平素は、格別のお引き立てを頂き厚く御礼を申し上げます。

さて、この度弊社では、神戸に新たな貿易センターを設立致しました。

下記の通りに記念パーティを開催致します。ご多忙中、恐縮とは存じますが、ぜひともご来場くださいますようお願い致します。

まずは設立記念パーティーのご案内を申し上げます。

敬具

記

1．日時： 令和5年 8月 1日 ／ 午前10時

2．場所： 神戸貿易センタ-

3．住所： 兵庫県神戸市北区青葉台15−8

以上

上の形式を参考にして、次のような文書を作成してみましょう。

名古屋工務店へ、静岡物産(株)の商号変更をお知らせする文書を作成します。

変更は静岡港物産(株)から(株)静岡物産への商号変更です。

商号変更開始は平成23年10月29日からです。

発信者は草薙営業部長、文書番号は557号、発信年月日は23年9月2日です。

契約保証書

株式会社 東海
取締役社長 三島 一浪 殿

　　　　　　　　　　　　　　大阪府生野区生野東70－5

　　　　　　　　　　　　　　　　　　石井 昌子

　　　　　　　　　　　　　　　　　昭和○年○月○日生

　私がこのたび貴社の従業員として採用されましたうえは貴社の従業員就職規則その他の諸規定を厳守し、誠実に職務を遂行することを誓います。

令和○年○月○日

　　　　　　　　　　　　　　　　　　石井 昌子　印

株式会社 東海
取締役社長 三島 一浪 殿

　このたび、上記の者が従業員として採用されるにあたり、私たちが身元保証人となります。ついては、本人が契約書にそむき、故意又は過失により貴社に損害をおかけしたときは、本人と連帯してその損害を賠償する責任を負います。

令和○年○月○日

　　　　　　　　　　　　　　大阪府生野区生野東71－5

　　　　　　　　　　　　　　身元保証人　石井 梅印

　　　　　　　　　　　　　　　　本人との関係　父

　　　　　　　　　　　　　　大阪府豊中市赤坂町10－23

　　　　　　　　　　　　　　身元保証人　大崎 裕一 印

　　　　　　　　　　　　　　　　本人との関係 伯父

MEMO

9課 비즈니스 전화

01 電話を受ける

📞 電話の受け方、

❶ 電話をとる

「はい、○○でございます」

→ 待たせたら

「お待たせしました。○○でございます」

❷ 呼び出しにこたえる

「はい、少しお待ちください」

→ 自分あての電話だったら 「はい、わたくしです」

→ かわって本人が出る

「お待たせしました。○○でございます」

「お電話かわりました○○でございます」

❸ 呼び出された者が外出中

「申し訳ありません。今、出かけておりますが」

❹ 折り返し電話の申し出をする

「もどりましたら、こちらからお電話いたします」

　　　→　もどりが遅い

「○時ごろにはもどると思いますが、○時ごろお電話してもよろしいですか」

「帰りが遅い予定ですが、ご連絡が明日になってもよろしいですか」

❺ 電話を切る

「ごめんください」「失礼いたします」

表現

① 社名、氏名を名乗るとき：「～でございます」「～です」

② 相手が名乗らないとき：「失礼ですが、どちら様でいらっしゃいますか」

③ 相手の挨拶に対して：「～様でいらっしゃいますね。こちらこそいつもお世話
になっております」

④ 相手に待っていただくとき：「少々お待ち下さい」「少々お待ちいただけますか」

⑤ 相手の名前が聞き取りにくいとき：

「恐れ入りますが、もう一度お名前をお願い致します」

「誠に申し訳ないですが、お名前をお願い致します」

⑥ 相手の声が聞き取れないとき:

「ちょっと声が遠いんですが」「お声が遠いようなんですが」

「すみません、ちょっと聞こえないんですが」

「お電話が遠いようですので、申し訳ありませんが、もう一度おかけいただけ
ますか」

「申し訳ありませんが、もう少し(ゆっくり / 大きい声で)お話しいただけます
か」

間違い電話を受けたとき

① いいえ、違いますが…。

② 失礼ですがどちらにおかけですか。

③ この部署には鈴木という人はいませんが。

④ 失礼ですが、何番におかけですか。

⑤ こちらは総務部でございますが。

電話応対の基本的なポイントは、挨拶の言葉を忘れないで親切に応対するように心掛ける必要があります。相手の名前や会社名を繰り返し確認して間違いのないように要件を聞き取ることが肝心です。

安　田 : はい、名古屋物産、営業2課でございます。

林　　 : 私、静岡工業の林と申します。いつもお世話に
　　　　　なっております。

　　　　　山田部長はいらっしゃいますか。

安　田 : はい、少々お待ち下さい。

　　　　　お待たせ致しました。申し訳ないのですが、部長
　　　　　はただ今席をはずしております。

林　　 : あー そうですか。何時頃お戻りになるんでしょ
　　　　　うか。

安　田 : 遅くても4時までには戻ると思います。

林　　 : そうすると4時過ぎにおかけします。では、失礼
　　　　　します。

安　田 : はい、お願い致します。

前 田：新入社員の方の研修でございますね。

木 村：はい。一通りエクセラとワードとパワーポイントが

　　　　使えるようになってもらいたいんです。

前 田：承知しました。何名様でしょうか。

木 村：30人です。

前 田：30名ですね。レベルはいかがいたしましょうか。

　　　　初級から上級まで分けることもできますが。

木 村：そうですね。もう使える人もいると思いますから。

前 田：では、事前にテストを行いまして、レベル別にクラ

　　　　スを3つに分けることにいたしましょう。試験の方

　　　　はこちらから後ほどメールでお送りします。

木 村：いつごろまでにやればよろしいでしょうか。

前 田：研修が6月20日からということでしたので、10日ま

　　　　でにご返送いただけますと助かります。

木 村：そうですか。じゃ、すぐ送っていただけますか。

前 田：はい、では本日中にお送りします。お返しいただい

　　　　たら、その後こちらでクラス分けして、名簿を作っ

　　　　てお渡しします。予算の方は後日お見積もりをお送

　　　　りしますので、ご覧になってください。

小 林：毎度ありがとうございます。ジャパン旅行千葉支店でございます。

根 本：昨日まで、台湾旅行でお世話になっていた井上と申しますが、担当は小林さんで……。

小 林：私、小林でございます。この度はありがとうございました。

根 本：あ、小林さん、実はホテルに忘れ物をしちゃって。ちょっと、聞いてもらえないかなと思って。

小 林：はい、かしこまりました。台湾ホテルでしたね。お忘れ物は何ですか。

根 本：お土産に買った財布で、免税店の袋に入っていて。誰か部屋の電話の横に置いたと思うんですが。

小 林：そうですか。では、すぐホテルに電話して問い合わせてみます。わかり次第、折り返しご連絡いたしますので……。電話番号は旅行申込書に記入されている番号でよろしいでしょうか。

根 本：ああ、それは自宅です。今職場から携帯でかけてるんですが、どうしようかな。ええと、じゃ、こちらからまたあらためますので。

小 林：はい、承知しました。では、また後ほどお願いします。

根 本：はい、よろしくお願いします。

電話応対の練習をしてみましょう。

	【 かける人 】	【 名指し人 】
(1)	東京商事、宮本	貿易部、橋本部長
(2)	日本物産、住友	営業2課、本木課長
(3)	札幌旅行社、渡部	海外担当1課、吉田係長

02 電話をかける

📞 一般的な電話でのやりとり

名乗って呼び出しをお願いする

「○○の○○でございます。○○さんはいらっしゃいますか」

相手の都合を確認する

「今、お話ししてもよろしいですか」

相手が不在

→ またあらためて電話をすることを告げる

「それでは○時ごろ、こちらからまたお電話します」

「○時ごろ、またお電話してもよろしいですか」

→ 電話がほしいことを伝える

「恐れ入りますが、おもどりになったら○○までご連絡くださるよう、お伝え
ください」

電話を切る

「それでは、ごめんください」「失礼いたします」

表現

① 鈴木さん、いらっしゃいますか。

② 鈴木さんを呼んでいただけませんか。

③ 鈴木さんと今お話しできるんでしょうか。

④ 鈴木さんの部屋につないでください。

表現

① 韓国流通の李と申しますが、いつもお世話になっております。

② 中田ですが、先日はどうもありがとうございました。

③ お忙しいところ申し訳ございませんが、営業1課の野村主任お願い致します。

④ お昼時に申し訳ございません。

⑤ デザイナのことで、富士通の山田専務から貴社の望月様をご紹介いただいたん
ですが…

⑥ 退勤間際に申し訳ございませんがFAXの確認をお願いしても宜しいでしょう
か。

⑦ 始めてお電話致しますが、ソウル担当の杉山と申します。

⑧ 鈴木さんの部屋につないでいただけませんか。

金　　　：高麗貿易でございます。

三　島：日立貿易の石山と申します。いつもお世話になっております。

金　　　：あ、こちらこそお世話になっております。先日はどうもありがとうございました。

三　島：実は今回弊社で韓国の高麗人参茶を輸入してみようと思いまして。

金　　　：ありがとうございます。そうしますと三島さんが直接来韓なさるんですか。

三　島：それもそうですが、行く前にサンプルを何種類か送っていただけないでしょうか。

金　　　：はい、わかりました。明日の午前中にお送り致します。

三　島：こちらで来韓の予定が決まり次第連絡しますので。宜しくお願いします。

金　　　：こちらこそ宜しくお願い致します。ではお待ちしております。

鈴　木： 神戸商事、総務部でございます。

森　下： 日新製薬の森下ですが、清水さんいらっしゃいますか。

鈴　木： 営業部の清水ですね。おつなぎ致しますので少々お待ち下さい。

清　水： はい、清水です。

鈴　木： 日新製薬の森下様からお電話が入っています。

清　水： はい。(外線ボタンを押す)

　　　　 お待たせ致しました。お電話かわりました。

O3 ビジネス電話のかけ方、受け方

電話を使って連絡をとりあうことの多いビジネスシーンでは、プライベートとはまた違った気づかいが必要です。正確に伝え、答えることをまず心がけて。

取り次ぎに少し時間がかかりそう

「○○でございますね。少々お待ちください」

「○○でございますね、少々お待ちいただけますか」

担当が不在

「○○は外出しておりますが」

「○○は外出しておりまして、○時にもどる予定でございます」

担当が電話中

「○○はほかの電話に出ております」

「申し訳ございません。○○はほかの電話に出ておりますので、すみしだいこちらからお電話させていただくようにいたします」

「○○はほかの電話に出ておりますが、間もなく終わりそうですので、しばらくお待ちいただけますでしょうか」

担当が打ち合わせ中、接客中

「○○はただいま打ち合わせ(来客)中でございます」

「○○はただいま打ち合わせ中でございますが、いかがいたしましょうか」

伝言を頼まれた

「かしこまりました。そのように申し伝えます」

「確認させていただきます。～ということでございますね。かしこまりました。そのように○○に申し伝えます」

O4 不在中電話の応対

　電話をかけて用件を伝えたい相手が不在の場合は、相手と確実に連絡ができる時間や場所などをきいておく必要があります。

☎ かける人

① いつ頃お電話したらよろしいでしょうか。

② いつ頃お帰りになりますか。

③ 何時頃お戻りになりますか。

④ 伝言をお願い致します。

⑤ おことづけお願いできますか。

☎ うける人

① ただ今～しております。

② ～になると思います。

③ ～お伝えいたしましょうか。

④ 教えていただけませんか。

⑤ お電話するように伝えます。

⑥ 私は～部署の～と申します。

担当者が話し中または不在中の時

① あいにく○○はただいま話し中ですが、少々お待ちいただけますか。

② 話が長引きそうなんですが、よろしかったらご伝言を承りましょうか。

③ あいにく○○はただいま席を空けております。

④ あいにく○○は(接客／会議／外出／出張／休暇)中でございます。

⑤ もしよろしかったら、ご伝言を承りましょうか。

⑥ お客様のお名前とお電話番号をお願いします。

⑦ どういったご用件でしょうか。

⑧ こちらから折り返しお電話いたしましょうか。

⑨ 戻り次第お電話差し上げるようお伝えします。

⑩ (もう少ししてから／後ほど／10分後に／1時間後に／明日)また掛け直していただけますか。

⑪ 申し訳ございませんが、○○は(先月／半月ほど前／つい最近)退職いたしました。

⑫ 先ほどお電話いたしました、○○と申しますが、△△さんはお戻りでしょうか。

木　村：はい、日本物産営業部でございます。

吉　彦：私、名古屋工業の吉彦と申します。いつもお世話
　　　　になっております。
　　　　お忙しいところ申し訳ないんですが平井部長はい
　　　　らっしゃいますか。

木　村：こちらこそお世話になっております。名古屋工業
　　　　の吉彦様ですね。申し訳ございませんが部長は今
　　　　会議中なんですが。

吉　彦：ああ、そうですか。それでは会議はいつ終りそう
　　　　ですか。

木　村：そうですね。今始まったばかりですので早くても
　　　　これから一時間はかかると思いますが。

吉　彦：では、平井部長におことづけお願いできますか。

木　村：はい。

吉　彦：例の輸入の件の価額が決まりましたから、できれ
　　　　ば明日書類を持って来社するようにと伝えていた
　　　　だけませんか。

木　村：はい、かしこまりました。そうお伝え致します。

吉　彦：お願いします。では、失礼します。

矢　野　：　はい、静岡産業の矢野と申します。

宮　城　：　お世話になっております。富士産業の宮城と申し
　　　　　　ますが、木村さんいらっしゃいますか。

矢　野　：　申し訳ございませんが、木村は木曜日まで出張な
　　　　　　んですが。

宮　城　：　えっ、そうですか。困ったなあ。本日中に連絡い
　　　　　　ただきたいことがあるんですが。

矢　野　：　定期的に電話が入ることになっておりますので、
　　　　　　その際お伝え致しましょうか。

宮　城　：　そうですか。それではお願いします。
　　　　　　今日遅くてもいいですので、昨日送っていただい
　　　　　　たサンプルのA型の数が合わないから、もう一度
　　　　　　確認をして送るようにお伝えください。

矢　野　：　はい、かしこまりました。

宮　城　：　では、お願いします。

05 ビジネス伝言

비즈니스 전언을 받을 때, 가장 중요한 것은 상대측의 이름과 직함, 연락처, 전언의 내용이며 또한 받은 전언의 내용의 재확인도 반드시 해야만 한다.

그리고 전언을 전해 받는 자신의 소속 부서와 이름을 상대방에게 알리는 일도 빠뜨려서는 안 된다.

이는 비즈니스맨이 필요로 하는 직무상의 책임이기도 하며 상대방에게 확실히 전언을 받았다고 안심시키는 부분이기도 하다.

 5W1Hで簡潔で明確にメモを取る

① When	→	いつ	② Who	→	誰が
③ Why	→	何のために	④ Where	→	どこで
⑤ What	→	何を	⑥ How	→	どのように

☎ 電話のマナー

留守番電話に伝言するときは

ゆっくりはっきり話す

留守番電話となると、ついあせって早口で話してしまいがち。でも、再生した際、聞きとれないことがあります。ふだんの電話より、ゆっくり、はっきりと話すことを心がけて。

しっかりと名乗る

ほかのことが多少聞きとりづらくても、名前だけはしっかり聞こえなければ困ります。はじめに「○○の○○です」最後に「○○でした」と2回名前を入れておけば安心です。

どうするか、どうしてほしいかを伝える

「急ぎの用件ではないので、またこちらからご連絡します」

「○○の件でお電話しました。おもどりになりましたら、○○までお電話ください。自宅におります」

「○○の件ですが、○○となりました。よろしくお願いします。念のため、またのちほどお電話します(念のため確認のお電話をください)」

など、手短かにどうするか、どうしてほしいのかを伝えます。電話番号を伝える場合は、はっきりと2回くり返しましょう。

表現

《本人に伝言を伝える方法》

① ～てほしいとのことでした。

② ～てくれとのことだよ。

③ ～とのご伝言でした。

野　村：ABC商事の野村ですが、林部長はいらっしゃいますか。

矢　野：ただ今席をはずしておりますが。

野　村：あーそうですか。では、至急電話をいただきたいんですが、今から外に出かけなければなりませんのでちょっとひかえてもらえませんか。

矢　野：はい、どうぞ。

野　村：番号は、080－557－1503　こちらにかけていただきたいんですが。

矢　野：080－557－1503　ですね。わかりました。伝えておきます。

矢　野： 部長、20分ほど前、ABC商事の野村様からお電話がございまして、至急、電話してほしいとのことでした。

林　　： うん。わかった。番号は?

矢　野： あの、メモ用紙にも書いてありますが、080－557－1503です。

林　　： ありがとう。

メモを見ながら上司に口頭で伝える練習をしてみましょう。

〔1〕

金課長　様へ　　　　　井上　様より		
◇　電話をくださいました ◇　来訪されました		
用件：今日中にFAX送ってほしいとのこと		
記入者：小林　日時：9 月 10 日 2時30分		

〔2〕

松本常務　様へ　　　　　吉彦　様より		
◇　電話をくださいました ◇　来訪されました		
用件：後でもう一度連絡するとのこと		
記入者：石井　日時：4 月 28 日 9時45分		

〔3〕

様へ　　　　　　　様より		
◇　＿＿＿＿＿＿＿＿＿＿＿＿＿ ◇　＿＿＿＿＿＿＿＿＿＿＿＿＿		
用件：		
記入者：　　　　日時：		

こんなときにはこの言い方

早い時間、遅い時間にかける

「朝早くから恐れ入ります」「早朝申し訳ありません」

「夜遅く、恐れ入ります」「夜分申し訳ありません」

家族の会社にかける

「お仕事中恐れ入ります。○○の娘でございますが、父はおりますでしょうか」

「お忙しいところ、申し訳ありません。○○の家内でございますが、○○をお願いできますでしょうか」

伝言を頼む

「それでは、伝言をお願いできますか」

「それではお伝えいただけますか」

相手の声が聞きとりにくい

「申し訳ありません。お電話が遠いようなのですが」

電話をかけてきた相手が名乗らない

「失礼ですが、どちら様ですか」

「失礼ですが、どちら様でいらっしゃいますか」

忙しいときにかかってきた

「申し訳ありません。今とりこんでいますので、のちほどこちらからお電話してもよろしいですか」

「すみません。これから出かけなければならないので、もどりましたらこちらからご連絡します」

10課　문서작성 4

01　ビジネス文書の役割

1. ビジネス文書の大きな役割

① 情報の正しい伝達

② 永久に記録を保存

2. ビジネス文書表現の重要なポイント

① 目的、趣旨をしっかりとつかみ簡潔にまとめる。

② 論旨を明確にして要領よくわかりやすくする。

③ 誇張や推測勝手な判断はしないで客観的に正確に書く。

④ 読む相手に理解しやすくまた好感が持たれる文書を書く。

02　ビジネス文書の種類 / ビジネス文書作成時の注意点

各企業は各企業ごとに独特な書式があります。新入社員はなるべく早くその書式になれなければなりません。

* ビジネス文書の種類

(1) 指示、命令のための文書	(1) 通達書、稟議書、企画書
(2) 連絡のための文書	(2) 通知書、照会書、依頼書
(3) 報告、届け出のための文書	(3) 報告書、届出書
(4) 記録、保存のための文書	(4) 各種帳票類、議事録

* ビジネス文書作成時の注意点

1. 社外文書

→ 通知書、照会書、依頼書、案内状、お詫び状、挨拶状、礼状など

① 会社の社会的信用を維持する公文書として責任が持てるように作成する。

② 相手に文書の内容を明確に伝え行動を起こさせるように誠意のある文書を作成する。

③ 挨拶やお礼の言葉を忘れないこと。

④ 敬語は適確に使用すること。

⑤ 相手が一目で見てわかりやすく作成すること。

2. 社内文書 → 通達書、通知書、提案書、報告書、届出書など

① 一見して必要な書類がわかりやすく作成すること。

② 敬語はできるだけ少なくすること。

会話で用いられる口語体と文書の中で用いられる文語体を明確に区別して使用することを心掛ける。

① ことに、とはいえ　　　…………… 限定を現す接続詞

② および、ならびに、かつ …………… 並列を現す接続詞

③ ないしは、若しくは　　…………… 選択を現す接続詞

④ そこで、ついで　　　　…………… 順序を現す接続詞

⑤ さて、一方では　　　　…………… 転換を現す接続詞

⑥ しかし、だが　　　　　…………… 逆接を現す接続詞

⑦ 要するに、いわゆる　　…………… 言い換えの説明を現す接続詞

⑧ なぜなら(ば)、　　　　…………… 理由を現す接続詞

⑨ したがって、よって　　…………… 結果を現す接続詞

⑩ ただし　　　　　　　　…………… 補充の限定を現す接続詞

⑪ なお　　　　　　　　　…………… 補充の説明として言い加える接続詞

1. 商品着荷の通知状

前略

　先月ご注文申し上げた品は本日東京運送便にて確かに受け取りました。

　早速品物を調べ、送り状と照会いたしましたところ、数量・品質・サイズともに相違ありませんでしたのでご安心願います。

　なお、商品の代金は、お約束どおりに来る〇月〇日に銀行振り込みで清算申し上げます。

　とりあえず着荷のお知らせまで。

敬具

2023年 〇月 〇日

〇〇貿易会社

(株) 〇〇商事　御中

2. 社名変更の通知状

拝啓　立春の候、ますますご清適のことと、お喜び申し上げます。

　さて、弊社こと、業務の一層の発展のため、来月より、社名を下記のとおり 変更いたすことになりました。

　これを切っ掛けで社内一同、なお一層業務に励む覚悟でございますので、今後ともご愛顧お引き立てを賜りますようお願い申し上げます。

敬具

2023年 2月 15日

旧社名：株式会社　愛知商事

新社名：日本愛知 株式会社

お客様名位

ご　案　内

このたびは、ご注文いただきまして、誠にありがとうございます。
お届けしました商品は、ご使用いただいてお気に召さない場合、商品到
着後7日以内であればご返品をお受け致します。

① 返品の際は、「返品カード」に必要事項をご記入の上、商品と一緒
　にご返送ください。
② 商品の取扱い説明書などの同封物も、もらさずお返しください。
③ 返品の送料はお客様負担となりますので、ご了承ください。

<返品先>〒169－8522　東京都新宿区百人町

(株)日本商事　返品係　TEL 03－3363－8250

MEMO

11課 비즈니스 용어

01 貿易、流通、金融、証券、などの分野でのビジネス用語

あ

①	相手先 :	상대방
②	青色申告 :	소득세나 법인세에대한 자진신고 (청색신고 용지에 기입)
③	青天井 :	물가폭등
④	あおる :	경기활성화
⑤	赤字 :	적자
⑥	頭金 :	계약금
⑦	穴埋め :	결손보충
⑧	アナリスト :	분석가
⑨	アヤ :	기술변화
⑩	アヤ押し :	기술반동
⑪	アヤ戻し :	기술조정

い

⑫	言い値 :	청구가격
⑬	いざなぎ景気 :	1965~1970까지의 경제호황기

⑭ 一時帰休 : 일시귀휴 (불황극복의 대책으로 고용 노동자를 일시귀휴 시키는 제도)
⑮ 一括払い : 일괄지불
⑯ 一手販売權 : 독점판매권
⑰ 委任状 : 위임장
⑱ イノベーション : 기술혁신
⑲ 岩戸景気 : 1958~1961까지의 경제호황기
⑳ インサイダー取引 : 내부자 거래
㉑ 印紙 : 인지
㉒ インパクトローン : 용도의 제약이 없는 외화차관
㉓ 一覽 : 일람
㉔ 異業種間交流 : 다른 업종간의 교류

㉕ ウォール街 : 뉴욕시의 증권거래소가 있는 미국 금융계의 중심가
㉖ 請合 : 보증
㉗ 請負う : 청부
㉘ 受取手形 : 수취어음
㉙ うす商い : 거래소에서의 소액매매
㉚ 裏書き : 어음등의 뒷면에 주소명등을 기입
㉛ 売上総高 : 매상총액
㉜ 売掛金 : 외상매출금
㉝ 売気配 : 팔기미
㉞ 売手 : 판매인
㉟ 売主 : 매주, 물건을 파는사람
㊱ 上ザヤ : 유가증권 시세가 다른것보다 높음

37 上値 : 시세보다 비싼가격
38 上乗せ : 추가로 덧붙임
39 運用收益 : 운용수익
40 運賃 : 운임
41 売注文 :팔주문
42 売上 : 매상

43 営業外債券 : 영업외채권
44 エクスポーザー : 공개노출
45 株価指数 : 주가지수
46 FA化 : 공장자동화
47 FOB : 본선적재인도, 후불제
48 エレクトロニクバンキング : 전자화된은행업무
49 円換算 : 엔환산
50 円相場 : 엔시세
51 円建て : 엔을 표준으로 외국화페를 산출하는 방식
52 円建て外債 : 엔을 표준으로 외채를 산출

53 OA化 : 사무자동화
54 大口注文 : 거액주문
55 大口取引 : 거액거래
56 大藏省 : 대장성 (재무부)
57 大底 : 1년간 주식의 최하의 바닥시세

58 大天井 : 최고시세, 최고가
59 大引け : 마지막장 (주식시장)
60 オーバーローン : 대출초과
61 送り状 : 송장
62 おし目 : 오르던 시세가 일시적으로 내림
63 おし目買い : 반동구매
64 オプション市場 : 해외시장
65 オプション取引 : 선택거래
66 覚書き : 각서
67 親会社 : 모회사, 자본이나 다른관계로 다른 회사를 움직이는 회사
68 卸売物価指数 : 도매물가지수

69 外貨 : 외화
70 買掛金 : 지불계정
71 外国為替 : 외국환
72 買越し : 수지구매, 차액구매
73 買支え : 구매보조 (매입을 촉진하여 급격한 시세변동을 막는행위)
74 外需 : 외수 (외국으로부터의 수요)
75 買付け : 구입, 매입
76 買手 : 구입자, 매입자
77 価格カルテル : 가격협정
78 価格据置き : 가격거치
79 確定利付き証券 : 확정된 이자가 붙는 증권
80 格付け : 등급매김

81 貸し倒れ : 외상이나 돈을 떼는 일
82 寡占 : 과점 (어떤 상품시장의 대부분을 소수의 기업이 독점 하는 일)
83 合併 : 합병
84 カネ余り現象 : 화폐과잉공급현상
85 株式公開買い付け : 기업주식의 공개매입
86 株式先物取引 : 주식선물거래
87 ガラ : 대폭락
88 借入れ : 차입
89 為替裁定 : 환재정 (3개국 이상의 통화, 외국환 상호간의 교환가치 결정)
90 勘定書 : 계산서
91 カントリーリスク : 컨트리리스크 (국가별 위험도)

92 キーカレンジー : 기축통화 (국제통화)
93 逆貿易 : 역무역
94 キャッシュ・フロー : 현금유출입
95 業態 : 영업이나 기업의 상태
96 銀行受取手形 : 은행보증어음
97 銀行小切手 : 은행수표
98 金本位制 : 금본위제 (화폐의 가치를 일정량의 금의 가치와 같게만든 본위제도)
99 繰戻し : 소득세의 과납등으로인한 환불제도
100 基礎的諸条件 : 통화의 대외적 가치를 결정하는 기초적 조건; 　　　　　국민 경제나 기업의 기본적 실력을 보이는 모든 요인

⑩ 景気回復 : 경기회복
⑩ 景気沈滞 : 경기침체
⑩ 景気浮揚 : 경기부양
⑩ 経済停滞 : 경제침체, 불경기
⑩ 経済見通し : 경제전망
⑩ 契約先 : 계약자
⑩ 気配 : 경기, 시세
⑩ 減益 : 이익감소
⑩ 減価償却 : 감가상각
⑩ 堅調 : 시세가 상승경향에 있음
⑪ 現物市場 : 현물시장 (당사자 사이의 장기계약에 따른 거래가 아닌, 원유(原油)의 변칙적인 거래)

⑫ 公示価額 : 공시가격 (정부나 공공기관에서 공시한 가격)
⑬ 高騰 : 앙등 (물가가 오름)
⑭ 高利回り : 고이익, 고이윤
⑮ 五か国藏相会議 : 5개국 재무장관회의 (미국, 영국, 프랑스, 독일, 일본)
⑯ 小切手 : 수표
⑰ 焦げ付き : 빌려준 돈의 회수 불능
⑱ ココム : 대공산권 수출통제 위원회
⑲ 小じっかり : 시세가 약간 오름세
⑳ コストインフレ : 임금수준과 이에 수반되는 생산비 상승으로 인한 인플레이션

⑫	コマーシャル・ペーパ : 단기자금조달을 위하여 우량기업이 국내에서 발행하는 무담보 약속어음
⑫	コルレス先銀行 : 외국대리은행
⑫	コングロマリット : 복합기업

⑫	在庫一掃 : 재고일소 (청산거래완료)
⑫	最優遇貸出金利 : 최우대대출금리
⑫	先物 : 선물
⑫	先安感 : 가격하락에 대한 기대감
⑫	差押し : 압류
⑫	(第)三次産業 : 삼차산업 (판매·운수·통신·금융·보험 따위의 각종 서비스산업)

⑬	地合 : 시세의 전반적인 상황
⑬	仕上り益 : 자본이득
⑬	下ザヤ : 시세저하
⑬	紳士協定 : 신사협정 (사적인협정, 비공식의 국제협정)
⑬	支払延納 : 지불체납
⑬	支払い済 : 지불완료
⑬	出荷 : 출하
⑬	上場 : 상장 (주식이나 어떤 물건을 시장에 매매대상으로 하기 위하여 거래소에 등록하는 일)
⑬	仕様書 : 명세서
⑬	シンジケートロン : 신디케이트 론; 협조융자

す

⑭	スタグプレーション : 스태그플레이션 (불황하(不況下)의 물가고)
⑭	スワップ取引 : 물물교환

せ

⑭	成功報酬 : 성공보수 (커미션)
⑭	節税 : 절세 (적법하게 세금 부담을 줄이는 일)
⑭	セリ市 : 경매시장

そ

⑭	損益計算書 : 손익계산서 (일정 기간의 기업의 손익을 나타내는 계산 서류)
⑭	損害賠償 : 손해배상 (법의 규정에 따라 남에게 끼친 손해를 물어줌. 또는 물어주는 그 돈이나 물품)

た

⑭	建値 : 매매기준가격
⑭	棚卸し : 재고조사, 재고정리
⑭	担保貸付 : 담보대부 (담보부대부, 즉 은행이 담보물을 잡고 하는 대부)
⑮	単利 : 원금에만 붙는이자

151	強含み : 시세가 상승될 것 같은 기미
152	出来高 : 일기(一期)의 총 매상고, 거래액; (상품[자금]의) 회전(율); 거래총액

と

153	騰貴 : 등귀 (물품이 딸리고 가격이 오름)
154	得意先 : 고객, 단골손님
155	取次店 : 대리점, 중개점
156	トレンド : 동향, 경향

に・ね

157	二次産業 : 이차산업 (건설업·광업·제조업 등, 원자재를 가공·정제하는 산업. 원시산업을 뺀 모든 생산적인 산업)
158	年功序列制 : 연공서열제 (근무 기간이나 나이가 많아짐에 따라 지위가 높아지고 봉급이 많아지는 일, 또는 그런 체계)

は

159	払い戻し : 상환
160	反騰 : 반등 (내리던 시세가 반대로 오름)

161	付加価値税 : 부가가치세 (사업에서 생기는 부가가치를 과세표준으로 하여, 그 사업을 경영하는 개인이나 법인에게 매기는 세금)
162	歩合制 : 보합제 (임금지급 형태의 하나)
163	物色買い : 물색구매
164	歩留り : 가공했을때의 원료에대한 제품의 비율
165	不渡り小切手 : 부도수표

| 166 | マーチャント・バンク : 머천드뱅크 (환어음인수, 사체발행을 주업무로하는 금융기관) |
| 167 | 見切り価額 : 투매가격 |

168	無形資産 : 무형자산 (저작권・상표권・특허권 따위)
169	無配 : 무배당
170	無配株 : 무배당주

ゆ・よ

171	有価証券 : 유가증권 (사법상의 재산권을 표시한 증권. 어음이나 수표・주권 따위); 증권
172	輸出優遇税制 : 수출우대세제
173	ユニット型投資 : 유니트형투자 (신탁의 한종류)
174	輸出割当 : 수출할당

175	要求支払預金 : 요구지불예금
176	傭船契約 : 용선계약 (선박의)
177	四極構造 : 사극구조 (미국, 일본, 유럽, 아시아의 관계)

178	乱高下 : 시세, 물가가 상하로 심하게 변동하는 것
179	利札 : 이표 (채권에 붙는이자, 배당)
180	流通コスト : 유통가격
181	旅行小切って : 여행자 수표
182	稟議書 : 품의서 (기업내의 안건을 기록한 문서)

02 英文略語

(1) ANA (All Nippon Airways)

　⇒ 全日本空輪 / 民間航空会社

(2) BOJ   (Bank of Japan)

　⇒ 日本銀行

(3) DTP   (Desk Top Publishing)

　⇒ PCによる編集 / 印刷システム

(4) JA   (Japan Agriculture cooperatives)

　⇒ 日本農業協同組合

(5) JAF   (Japan Automobile Federation)

　⇒ 日本自動車連盟

(6) JAL   (Japan Air Liner)

　⇒ 日本航空

(7) JAS　(Japan Air System)

⇒ 日本エアシステム

(8) JCB　(Japan Credit Bureau)

⇒ 日本最大のクレジットカード

(9) JETRO (Japan Extemal Trade Organization)

⇒ 日本貿易振興会

(10) JMA (Japan Management Association)

⇒ 日本能率協会

(11) JR　(Japan Railways)

⇒ 国鉄を分割し民営化した六つの旅客会社と貨物会社

(12) JT　(Japan Tobacco)

⇒ 日本煙草産業

(13) JTB　(Japan Travel Bureau)

⇒ 日本旅行公社

(14) NHK (Nippon Hoso Kyokai)

⇒ 日本放送協会

(15) NTT (Nippon Telegraph and Telephone Corporation)

⇒ 日本電信電話

12課 크레임 대책

01 クレームとは

　貿易取り引きにおけるクレームとは、金錢を伴う損害賠償を請求することをいう。

　内容により運送クレーム(Transport Claim)と、貿易クレーム(Trade Claim)に分けられる。

1. 運送クレーム(Transport Claim)

　運送クレームとは、貨物の運送に直接的に起因するクレームで、具体的には積荷役、保管、運送中の事故等による貨物の損傷や不足等である。これら損傷や不足が生じた時は、船会社や航空会社等の運送人にクレームする。しかしながら運送約款に揚げられた免責条項に基づき免責を主張されて運送人に責任がないと言う場合は、保険証券の約款に基づいて、損害の発生を保険会社に速やかに連絡し保険金の請求を行うことになり保険クレーム(Insurance Claime)となる。

2. 貿易クレーム(Trade Claim)

　貿易クレームとは、貿易契約に反した行為によって発生した損害に対する賠償請求と、契約内容の不備や約定した物品自体の缺陥に起因するもの等がある。

具体的には以下のようである。

① 品質に関するクレーム

品質不良・品質相違・不完全包装・破損

② 数量に関するクレーム

着荷不足

③ 受け渡しに関するクレーム

船積遅延・法規違反

④ 価額・決済に関するクレーム

契約不履行・解約

※ クレームとは、客観性や裏付けをもつ損害賠償請求でなくてはならない。その立証のための証拠書類としては、公正な第三者の行う鑑定書がある国際的な信用を持つのがロンドンにあるロイズ·サーベイヤーで世界主要都市代理店がある。

3. 貿易クレーム予防のチェック・ポイント

① 事前調査、特に相手の信用調査は一回だけでなく定期的に行う。

② 契約書の作成は慎重にかつ内容は完全なものにすること。

国際商習慣、国際契約に関する知識、相手国法規についての知識

③ 信用状による取引では信用状に関する知識が不可欠である。

クレームの電話を受ける

① 「こちらの不手際でご迷惑をおかけし、誠に申し訳ございません。ただちにあらためまして、今後このようなことがないように十分注意いたします。なにとぞご容赦くださいませ」

②「ご迷惑をおかけしております。確認いたしまして、あらためてご連絡させ
ていただきたいと思いますが、よろしいでしょうか。」

③「申し訳ございません。わたくしではわかりかねますので、ただいま担当の
者にかわります。少々お待ちいただけますでしょうか。」

MEMO

13課 정보전달

01 業務説明

表現

① まず、普通ではなく拡大コピーします。

② 最初に、この線に用紙の左端を合わせて固定します。

③ はじめに、電源を入れて赤いランプが付いたら黒いボタンを押します。

④ それでここから用紙を入れればいいのです。

⑤ 少々お待ち下さい。そうではなくこのようにします。

⑥ あ、違います。その右の青色のボタンなんです。

部　長： 今日1時の打ち合わせを変更したいが、そちらの
　　　　 都合はどうか聞いて下さい。

金　井： はい、本日1時の打ち合わせを2時に変更でござ
　　　　 いますね。かしこまりました。

部　長： 今日の午後3時から5時までは決まったスケジュー
　　　　 ルはないからお客さんに伝えてくれ。

金　井： はい、今日の午後3時から5時までお越しいただけ
　　　　 ばよろしいということですね。かしこまりまし
　　　　 た。

部　長： 午後5時までには戻るから、金さんに帰らないで
　　　　 お待ちしてくれるようにと…。

金　井： はい、かしこまりました。5時はきっとお戻りに
　　　　 なるということですね。

橋　本 ： どうかしたんですか。

金　　 ： はい。日本にこの書類を送りたいのですが、わか
　　　　　らなくて、教えていただけませんか。

橋　本 ： 東京ですか。東京なら03の地域番号をまず押さな
　　　　　ければなりませんよ。

金　　 ： 東京ではなくて静岡県の清水なんです。

橋　本 ： あー、静岡県なら地域番号は0543ですよ。それと
　　　　　海外から送る場合は0番は全部押さないでくださ
　　　　　い。

金　　：あー、そうですか。知らなかったんです。

橋　本：送り先の電話番号は?

金　　：少々お待ち下さい。512ー8753です。

橋　本：そうすると、この順に押せばいいんですよ。00
　　　　1ー81ー543ー512ー8753です。

金　　：001ー81ー543ー512ー8753ですね。81番が日本の
　　　　国の番号なんですか。

橋　本：はい、そうです。韓国の国の番号は82ですね。

金　　：はい、ではこのようにして送ればいいですね。

橋　本：入れ方は分かりますか。

金　　：はい、紙をこのように入れてから、受話器を取っ
　　　　て番号を押して、青いボタンを押してから受話器
　　　　を下ろせばいいのですね。

橋　本：はい、その通りです。

金　　：いろいろとありがとうございました。

表現

① 私の考えとしては…。

② かいつまんで申し上げますと。

③ 大ざっぱに言いますと。

④ 結論から先に申しますと。

⑤ …手ごたえはあると思います。

⑥ 脈はあると存じます。

⑦ 今までの調査によると。

⑧ 問題点はレポートにまとめておきます。

松　田： 部長、昨日出張から帰って参りました。

部　長： 大変ご苦労さん。ところでどうだった?
　　　　名古屋の販売店ではちゃんとやってくれてるのかな。

松　田： そうですね。名古屋支店担当の方は皆熱心に見えましたが、基本的に売上げが低いものでして。

部　長： それが問題だよ。去年より遙かに低調してね。

松　田： それで、私の見解としては販売店の1区域と5区域は問題ないと思いましたが、その以外の区域は担当者が一人しかいなくて仕事の把握があまりできないそうです。

部　長： あ、それはそうだな。それで。

松　田： ですので。1と5区域以外は担当者を一人ずつ増やした方がいいのではないかと思います。

部　長： その方がいいかも。その件については明日の会議でもう一度話しよう。

松　田： はい、わかりました。名古屋支店の問題点についてレポートにまとめておきます。

部　長： はい、そうして。色々大変だったね。本当にご苦労さん。

松　田： いいえ、では、失礼します。

柳　橋： では、貿易1課からの連絡事項を伝えます。

来月から月1回は各貿易部署が全人集まって総会

議をすることになります。

貿易1課から3課まで毎週会議を行い月一回の総会

議では各部の課長が稟議書と会議書をまとめ報告

するかたちにします。

全　員： ……。

吉　田： 毎月総会議の日にちは。

柳　橋： 総会議は最終の月曜日になります。

詳しいことは明日中に各部署にまわしますので参

考にしてください。

練習

上司に業務報告の練習をしてみましょう。

例ー 貿易部 ・ 営業部・ 人事部・ 経理部 等

表現

① では、○○様に木村から電話があったとお伝えいただけませんか。

② では、恐れ入りませんが、ご伝言をお願い致します。

③ では、○○様がお戻りになられましたら、お電話をいただきたいとお伝えいただけませんか。

④ では、誠に申し訳ございませんが、午後4時ぐらい伺うことをお伝えていただけないでしょうか。

⑤ 申し訳ございません。メモを取らせていただきますので、少々お待ち下さい。

⑥ もう一度確認させていただきます。

⑦ では、さよう伝えておきます。私は品質部署の中田と申します。

三　浦：はい、いつもお世話になっております。アジア物
　　　　産です。

金　田：お世話になっております。

　　　　住友商事の金田と申しますが、新井常務いらっ
　　　　しゃいますでしょうか。

三　浦：誠に申し訳ございません。常務はただ今席を外し
　　　　ておりますが、何か急用でしょうか。

金　田：では、新井様がお戻りになられましたら、お電話
　　　　をいただきたいとお伝えいただけませんか。

三　浦：かしこまりました。もう一度連絡先を確認させて
　　　　いただきます。

　　　　「住友商事」の新井様で宜しいですね。

金　田：はい、けっこうです。遅くても構いませんので宜
　　　　しくお願いします。

三　浦：はい、確にその旨伝えておきます。私は品質管理
　　　　部の三浦と申します。

金　田：では、宜しくお願い致します。

Part 2

吉　元： 先日ソウル出張のときにS貿易の金部長にあった
　　　　んですが、金部長をご存じですか。

課　長： 1年前にソウルで一度会ったことがあるが。

吉　元： 日本に来る前にお会いしましたがよろしくとのこ
　　　　とでした。

課　長： あ、そうなの。わかった。

三　浦： 常務、1時間程前に「住友商事」の新井様からお電
話がございまして、至急電話してほしいとのこと
でした。

常　務： 住友商事の新井さんから。他には?

三　浦： 今日遅くても構わないとおっしゃいました。

常　務： うん、わかった。ありがとう。

渡　部： 誠に申し訳ございませんが、鈴木はただ今会議中
　　　　　ですが、いかがいたしましょうか。

川　口： それでは、恐れ入りますが、ご伝言をお願いしま
　　　　　す。

渡　部： はい、かしこまりました。

川　口： 実は鈴木様と明後日、ですから20日にお会いする
　　　　　ことになったんですが、こちらの都合が悪いので
　　　　　日程と場所の変更を致したいのですが。

渡　部： ああー、そうですか。では、メモを取らせていた
　　　　　だきますので、少々お待ち下さい。
　　　　　　　　　　(メモ用紙を用意する)
　　　　　お待たせ致しました。どうぞ。

川　口： 変更の日は22日で場所は国際ホテルの一階のロ
　　　　　ビーで午後2時にお会いしたいことのおことづけ
　　　　　をお願い致します。

渡　部：内容をもう一度確認させていただきます。

　　　　(メモの内容を復唱する)

　　　　間違いございませんでしょうか。

川　口：はい、確かに。

渡　部：では、会議が終り次第、さよう申し伝えておきます。

　　　　私、総務部の渡部と申します。

川　口：では、宜しくお願い致します。

MEMO

14課 비즈니스레터 작성

01 ビジネスレターの基本形式

1. 前付け

① 発信番号 (발신번호) → 비즈니스 레터의 발신 순서에 따라 기입하는 것으로 문서의 공정성을 증명한다.

② 日付 (날짜) → 비즈니스 레터에 있어서 발신 날짜는 법률상 또는 거래를 하는데 있어서 중요한 의미를 지니고 있으며 발신번호를 생략해서는 안 된다. 기입하는 위치는 발신번호 밑에 쓰도록 한다.

③ 宛先 (수신인/받는이) → 거래를 하고 있는 상대방의 회사나 단체, 기관의 정식 명칭을 「日付」다음 행의 좌측 상부에 기입한다. 회사명을 기입하고 그 밑에 직명과 담당자명을 기입한다.

담당자명은 「성명＋樣」와 같이 경칭인 「～樣」를 반드시 붙인다.

④ 差出人 (발신인/보내는이) → 발신인 명은 수신인 다음 줄 오른편에 기입한다. 성명 다음에는 발신자의 책임을 명확히 하기 위해서 날인을 잊지 않기로 한다.

呼　称

1. 「様」　　: 성명에 붙이는 가장 일반적인 경칭
2. 「御中」 : 회사, 단체, 부서 앞으로 보내는 경우
3. 「殿」　　: 관공서의 공문과 같은 곳에 쓰이며, 담당자의 성명을 모를
　　　　　　 때 직함명에 붙이는 경우도 있다
4. 「各位」 : 부서의 부원, 과원 의 각각 앞으로 같은 문서를 보내는 경우
5. 「ご一同様」 : 부서 전원을 지칭하는 경우

상대방의 칭호와 자기측 칭호

상대방

「～さま(～님,씨)」「貴下(귀하)」「貴宅(귀댁)」「皆様(여러분)」
「皆々様(여러분)」「ご一同様(일동, 여러분)」「貴店(귀점)」
「貴社(귀사)」「貴行(귀은행)」「貴館(귀관)」「貴校(귀교)」
「貴会(귀회)」「御中(귀중)」「御社(귀사)」

자기측

「私ども(저희들)」「私ども一同(저희들 일동)」「当方(이쪽, 저희들)」
「当社(저희 회사)」「当方一同(저희들 모두)」
「私がた一同(저희들 모두)」「家内一同(집안 모두)」

2. 件名

　가능한 한 간결하고 문서의 목적과 내용을 한눈에 알아볼 수 있도록 「～のこと」
「～の件」「～につきまいて」식으로 제목을 쓴다.

3. 頭語

두어는 편지의 맨 처음 인사말로서 생략하는 경우가 거의 없다. 한편 편지 제일 끝에 하는 인사말인 「結語」와 반드시 한 쌍을 이루어 맞추어야 한다.

① 一般的な場合 : 拝啓、謹啓、謹白、恭啓、謹呈、拝呈

② 急用の場合 : 急啓、急白、火急

③ 答申を送る場合 : 拝復、拝答、復啓

④ 前文省略 : 前略、冠省、略啓、

4. 挨拶

두어에 이어서 처음 시작하는 인사는 ①계절인사 ②안부인사 ③감사인사 등으로 이루어져 있다.

계절인사의 경우 한국과 일본이 거의 비슷하기는 하지만 서로 느끼는 감각이 다를 수 있으므로 생략을 하는 경우도 간혹 있다.

인사는 표현법이 정해져 있으므로 구체적으로 그 표현방법은 다음과 같다.

① 계절인사

月	一般的な表現		個人受信用文書等の表現
1	初春、新春、厳寒	(+の候)	新春とは申しながら厳しい寒さです。
2	立春、余寒、春寒	(+の候)	梅のつぼみもようやくほころんでまいりますが、
3	早春、春暖、春分	(+の候)	日増しに温かさがましてまいりますが
4	陽春、温暖、桜花	(+の候)	花便りも伝わる今日のこの頃ですが、
5	新緑、若葉、薫風	(+の候)	吹く風も夏めいてまいりました。
6	初夏、梅雨、長雨	(+の候)	長雨のうっとうしい頃となりました。
7	盛夏、猛暑、大暑	(+の候)	梅雨があけたとたんにさすがに厳しい暑さが続いております。
8	晩夏、残暑、初秋	(+の候)	ひぐらしの声にも夏の終りが感じられます。
9	秋冷、秋涼	(+の候)	一雨ごとに秋の気配が忍び寄ってきます。
10	仲秋、紅葉、秋晴	(+の候)	灯火親しむ頃となりましたが、
11	晩秋、落葉、向寒	(+の候)	朝夕はめっきり冷え込む季節でございますが、
12	寒冷、初冬、師走	(+の候)	年の瀬もいよいよ押し迫ってまいりました。

절후(節侯)의 인사말

1) 정월(설) : 新春の候(신춘지절), 初春のみぎり(초춘지절),
　　　　　　希望にあふれる新年を迎え(희망에 찬 새해를 맞이하여)

- 寒さも暖かくなり気持ちのよいお正月をむかえました。
  (추위도 누그러지고, 기분 좋은 설날을 맞았습니다.)

2) 초봄 : 早春の候(이른 봄), 軽暖のみぎり(좀 따뜻해진 때)

- 早春お伺い申し上げます。
  (이른 봄 문안드리옵니다.)
- 日増しにさわやかな日和と同時に暖かさを加えてくるこの頃…。
  (날로 더욱 상쾌한 날씨와 동시에 따뜻함을 더해가는 요즘….)
- いつの間に新春を迎え、雨ごとに春めいてまいりました。
  (어느 사이에 신춘을 맞이하여, 비가 내릴 때마다 봄다워지고 있습니다.)

3) 초여름 : 初夏の候, 向暑のみぎり(여름으로 향하는 계절)

- もうすぐ梅雨空のうっとうしい頃になることでしょう。
  (곧, 장마로 찌푸린 날씨의 계절이 되겠지요.)
- 初夏の緑色もこくなってまいることでしょう。
  (초여름의 푸르름도 짙어지게 되겠지요.)

4) 늦여름 : 残暑の候, 暮夏のみぎり(만하지절)

- 残暑のなごりおしいらしく身にこたえるこの頃。
  (늦더위가 아쉬운 듯이 몸에 사무치는 이즈음.)
- もうすぐで9月とは言えどもなお耐えがたい昨今でございます。
  (이제 곧 9월이라고는 하지만, 아직 견디기 어려운 어제 오늘입니다.)

5) 초가을 : 秋涼の候, 新秋のみぎり(초가을의 계절)

- 新秋をお伺いいたします。
  (신추에 문안드립니다.)

- 朝夕は、もうしのぎやすさを覚えるこのごろ…。

  (아침 저녁으로 벌써 선선함을 느끼는 요즈음….)
- 梅雨も豪雨もようやく治まり、にわかに秋色を帯びてまいりました。

  (장마도 호우도 겨우 걷히고, 갑자기 가을빛을 띠게 되었습니다.)

6) 늦가을 : 晩秋の候, 向寒のみぎり(추워져 가는 계절)

- 朝夕はひときわ、冷えこむ、きょうのこのごろ。

  (아침 저녁 한층 추워지는 요즈음.)
- 庭の緑葉ももう落ち葉と変わり、なんとなくゆううつになってまいるこの頃。

  (뜰의 푸른 잎도 벌써 낙엽으로 바뀌고, 어딘지 모르게 우울해지는 요즈음.)
- 落ち葉の散り敷くころとなってまいりました。

  (낙엽이 떨어져 깔리는 계절이 되었습니다.)

7) 초겨울 : 初冬の候, 寒冷のみぎり(한랭지절)

- 謹んで寒中お伺い申し上げます。

  (삼가 한중의 계절에 문안드립니다.)
- 木枯らしに、一段と寒さを感じるころとなりました。

  (쌀쌀한 바람에, 한층더 추위를 느끼게 되는 계절이 되었습니다.)
- 寒冷のみぎり寒さひとしお身にしみるこのごろ。

  (추위가 한결 몸에 스며드는 요즈음.)

8) 연말 : 年末、歳末の候, 歳晩のみぎり(세밑, 세모)

- 歳末を向え、いよいよご多忙のことと存じます。

  (연말을 맞이하여 더욱 다망하시리라고 생각합니다.)
- 歳晩のみぎりいかがお過してございますか。

  (세밑을 맞아 어떻게 지내십니까?)
- 歳末のみぎり皆々様、お変りもございませんか。

  (세밑에 여러분 별고 없으십니까?)
- 今年もいよいよ残りわずかとなりました。

  (금년도 이제 얼마 남지 않았습니다.)

[무계(無季)] 気候不順の折から(일기 불순한 때에)

- 寒暖不整のみぎり

  (한난이 고르지 못한 이 때)

- 天候も定まりかねるこのごろお体はご健康でいらっしゃいますか。

  (기후 고르지 못한 요즈음 건강하신지요?)

- 雨と思えば風、何と不整のみぎり、お元気でいらっしゃいますか。

  (비가 오는가 생각하면 바람이 불고 고르지 못한 날씨에 건강하십니까?)

- 久しぶりに空高く珍しい快晴を向え、気も浮き立つほどでございます。

  (오랜만에 하늘은 높아지고, 전에 없이 쾌청한 날을 맞이하여 마음도 들뜨는 것 같습니다.)

② 안부인사

안부인사는 상대방의 건강과 사업 번창을 축하하는 내용이며 그 형식은 다음과 같다.

	[1]に適当な言葉	[2]に適当な言葉
個人	貴殿：一般的な表現 貴台：地位の高い人 貴兄：親しい間柄 貴職：相手側の企業内の地位を特定させる場合	ご健康、ご清祥
企業	貴社：一般的な表現 貴店：商売の場合	ご清栄、ご繁栄、 ご発展、ご隆昌
部署員	各位、皆様方、ご一同様	ご健勝、ご清祥

形式①

[1] (におかれましては、には)、益々[2]のことと、お喜び申し上げます。

形式②

[1] (におかれましては、には)、益々[2]のことと、大慶に存じます。

形式③

[1] (におかれましては、には)、益々[2]の趣、慶賀のいたりに存じます。

形式④

[1] (におかれましては、には)、益々[2]の趣、賀しあげます。

形式⑤

[1] (におかれましては、には)、益々[2]の由、何よりと存じ上げます。

③ 감사인사

건강이나 사업번창을 축하하는 안부인사에 이어 평소의 배려에 대한 감사의 표현을 한다.

기본형식은 다음과 같다.

一. 日頃は格別のお引き立てを賜り厚く御礼申し上げます。

二. 平素は格別のご高配にあずかり誠にありがたく存じます。

三. 毎度一方ならぬご厚情を賜り厚く御礼申し上げます。

四. たびたび格別のお引き立てにあずかりお礼申し上げます。

五. 長年ひとかたならないご高配くださり感謝します。

六. 常々特別のご厚情をこうむりありがたく厚くお礼申し上げます。

5. 主文

주문은 편지의 목적인 용건을 상대방에게 전달하는 중요한 부분이다. 한편 용건을 쓰기 전에 「さて / このたび / つきましては / 早速ですが」 등의 시작하는 말이 온다.

6. 末文

말문은 용건을 모두 쓴 다음 편지 전체의 결말을 짓는 동시에 주문의 내용을 정리하여 상대측에게 다시 한번 확인을 시키는 역할도 한다.

주문의 용건에 따른 형식은 다음과 같다.

① 一般的な場合

　一. まずは、略儀ながら書中ご挨拶申し上げます。

　二. まずは、略儀ながら書中をもってご依頼申し上げます。

　三. 取りあえずお知らせ申し上げます。

② 急用の場合

　一. 取り急ぎ、要用のみ申し上げます。

　二. 取り急ぎ、当用のみ申し上げます。

　三. 取り急ぎ、ご連絡まで。

 문말(文末)의 인사말

본문이 끝난 뒤 다시 행을 바꾸어 편지를 마치면서 인사말을 쓴다. 대개는 우리말 편지에서도 흔히 쓰이는 난필(乱筆), 졸필(拙筆) 등의 말을 써서 사과한다.

· 以上乱筆にて失礼しました。

　(이상 난필로서 실례했습니다.)

· 以上拙筆のうえに急ぎましたこと幾重にもおわび申し上げます。

　(이상 졸필인데다가 급히 쓰게 된 것을 거듭 사과드립니다.)

① 글씨가 좋지 못해서

· 生来の悪筆で失礼いたしました。

　(타고난 악필로 실례했습니다.)

- 心せくままに走書きまして…。

  (조급한 마음으로 휘갈겨 써서….)
- お分かりにくいところも多いかと存じますが。

  (알기 어려운 곳도 많으리라고 생각합니다만.)
- 失礼いたしました。…なにとぞあしからずお願い申し上げます。

  (실례했습니다. 아무쪼록 양해하여 주시기 바랍니다.)
- 悪筆ながらよろしくお判読のほどお願い申し上げます。

  (악필이지만, 잘 판독해 주시기 부탁드립니다.)
- 以上乱筆ながら失礼いたしました。

  (이상 난필로서 실례했습니다.)

② 글이 좋지 못해서
- 長々と勝手なことばかり書き連ねましたこと…。

  (지루하게 제멋대로 쓴 것을….)
- 文脈もそろえなく読み苦しいと存じますが。

  (문맥도 갖추지 못하여 읽기 어려우시겠지만.)
- 以上ご無理だとは思いますがあしからず…。

  (이상 무리라고는 생각되지만 양해하시고….)

③ 안부 전하는 말
- ご家族の皆様によろしくご伝言の程、お願い申し上げます。

  (가족 여러분에게 안부 잘 전해 주시기를 부탁드립니다.)
- お兄様にくれぐれもよろしくご伝言くださいませ。

  (형님에게 부디 잘 전해 주십시오)
- 父からもくれぐれよろしくとのことでございます。

  (아버지로부터도 부디 안부 전해 달라는 것이었습니다.)

7. 結語

결어는 편지의 맺는 말로서 생략을 하면 안되는 부분이며, 두어와 함께 조화를 이루어 사용해야만 한다.

	頭語	結語
一般的な場合	拝啓、謹啓、拝呈、恭啓、拝復、敬復	敬具、敬白、不備
急用の場合	急白、急啓、	草々、不一
返信を送る場合	拝答、拝復、復啓	敬答、敬具
前文省略	前略、冠省、略啓	草々、匆々、不一、不備

 늦추위 문안 편지

余寒お見舞い申し上げます。

晩冬のみぎり二月も半ば過ぎながら寒さ更に身にしみて感じられるこの折り、皆様いかがお過ごしのことでしょうか。深くお伺い申し上げます。

 늦추위 문안의 답례 편지

余寒お見舞い申し上げます。

このたびは、ご丁寧な余寒お見舞いを賜り心から厚くお礼申し上げます。おかげさまで私ども一同無事消光しておりますゆえ、何とぞご放念の程、お願い申し上げます。

장마철 문안 편지

謹んで梅雨のお見舞いを申し上げます。

数日来降り続いている大雨のために、おじ様のお宅が床上浸水したことをけさ兄よりお聞きしましてお見舞い申し上げます。

お家の裏の川があふれたそうですが、まったく不運でございましたね、皆様はどんなにかお力落としでいらっしゃいましょう。そればかりか、お腹立ちもさぞかしとお察しいたします。

こちらではだいぶ小降りになってまいりましたし、天気予報でも夜には雨があがると報じておりましたのでほどなく水が引きはじめることと存じます。皆様には、ご無理をなさいませんようお願いいたします。

すぐにお手伝いに伺いません失礼をお許しくださいませ。何かともの入りと存じますので同封のもの、何かのお役に立てていただけたらと存じます。どうかお納めください。また、何か入用のものがございましたら、何なりとお申しつけ下さいませ。

とり急ぎ、お見舞いまで。

1. 新製品発売のご紹介について

NO. ○○－○○

2023年 10月 15日

東京物産株式会社

貿易部長 木村正彦様

ソウル物産株式会社

貿易部長 金 恩珠

<u>新製品発売のご紹介について</u>

拝啓　　貴社益々ご清栄のこととお喜び申し上げます。

　さて、この度ご紹介させていただきたい新製品のミリオンは、汎用性の高い機器として韓国を中心に数多くの納入実績を持ち、韓国ではすでに特許を受けており現在日本の方でも特許を申し込んでいるところでございます。今回の新発売品ミリオンは当社屈指のヒット商品でございます。

今までの商品と比べお客様のニーズに幅広くお答えするため、底価額機種と多種機能機種を加えましたのでご紹介させていただきます。

カタログと導入提案書を同封致しますので、ご多忙のところ恐縮ですがご一読お読みいただき、お問い合わせなどいただけましたら幸に存じます。

敬具

2. 見積書送付の通知

見積書送付のお知らせ

拝啓　　　貴社ますますのご発展のこととお喜び申し上げます。

　さて、このたび当社製品「ホカホカ暖房」について、貴信第11-07号の見積もり依頼書を確かに拝受致しました。

早速、別紙見積書のとおりお見積りさせていただきましたが、価額につきましてはまだ決定されてはおりませんが、貴社のご希望に添えるよう当社にできる限りの配慮をさせていただきました。

このたび行われた実験成績書(重量、塩酸テスト)の結果を見積書と同封致しますのでご参考になさってください。

貴社にてご検討のうえ何卒ご用命くださいますようお願い申し上げます。

当社の方で宜しければ9月25日までにご回答いただければお申し越しの数量、サイズ、期日での舟積みが可能でございます。

なお、ご疑問の点につきましては小職宛てに何なりとお問い合わせください。

まずは、書中をもってお願い申し上げます。

敬具

記

同封書類　見積書1通

　　　　　実験成績書2通

以上

3. 製品価額値上げの依頼

<u>製品価額の改定について</u>

拝啓　貴社ますますご清栄のこととお喜び申しあげます。

　さて、既に新しいカタログを送付致しておりまして承知のことと存じますが、当社製品**KOR**の御価額を12月1日から同封価額表のとおりに改定させていただきたいと存じます。

貴社から長年のお引き立てを賜りながら、かようなお願いを申し上げることは誠に申し訳ないのですが、昨年の原材料の急騰に寄りまして現行価額の維持が不可能な状況でございますので、何卒ご承知なさるようお願い申し上げます。

今回のお願いする価額は一層の生産性の向上を見込んで設定致しましたもので少しでも貴社のご負担を軽減するように努めました。

何卒このような事情をご覧際のうえ、今回の価額値上げをご了解くださいますよう、お願い申し上げます。

敬具

4. 発注書

発注書

拝啓　貴社益々ご清勝のこととお喜び申し上げます。
さて、貴社商品「富士カラー製紙」を下記のとおり注文致しますの
で、大至急のご発送のほど、お願い申し上げます。

敬具

記

1. 商品名 : 「富士カラー製紙」
   単　価 :　530円
   数　量 :　10,000個
   カラー :　白、青、黄(各)
2. 納入期日 : 2011年 10月 8日までに必着
3. 納入場所 : 韓国 ソウル市 東大門区 里門洞
   　　　　　　　センタービル302号
4. 支払条件 : FOB
5. 運賃諸掛 : 貴社負担

以上

5. 注文承諾書

> ### 注文承諾書
>
> 拝啓　貴社益々ご発展のこととお喜び申し上げます。
>
> 　さて、2011年11月9日付貴社第16号のご注文書により記商品をご注文いただき厚くお礼申し上げます。
>
> 貴社のご希望の日に間に合うように出荷の手配を致しますので、ご指定の納期には貴社店には到着の予定でおります。
>
> なお、今後とも引き続きご用命を賜りますよう、宜しくお願い申し上げます。
>
> 敬具
>
> 記
>
> 以上

6. 着荷の照会

> ### 商品の着荷について
>
> 拝啓　貴社益々ご発展のこととお喜び申し上げます。
>
> 　さて、2011年11月9日付をもって貴社第16号のご注文書により記商品をご指定どおり11月22日に出荷致しましたが、貴店にお届いたでしょうか。お伺い申し上げます。未だに着荷のご連絡がなく案じておりますので商品が無事に着荷しましたら添付の物品受領書をご返送ください。
>
> 万一商品の未着の場合は、早速こちらからでも調査致しますので、ご多用中誠に恐縮ですが、至急ご連絡お願い申し上げます。
>
> まずは、とり急ぎご連絡まで。
>
> 敬具

7. 不良品交換の依頼

不良品交換のお願い

前略

　さて、去る6月15日付けで注文致しました貴社の「換気扇」は本日着荷致しました。早速、色々な検品を致しましたところ、当社指定の注文とは何カ所相違した部分がございまして至急ご連絡差し上げます。

当社指定の注文によりますと、250㎝のサイズが370個で500㎝のサイズのものが750個で800㎝のサイズが1000個でしたが、送っていただいた物品には250㎝のサイズと800㎝のサイズの数量が間違っておりました。

ですので相違した換気扇の800㎝のサイズのものは明日返品致しますので貴社の方で再確認なさった上で数量を確認して至急お送りください。

こちらの現場工事の日程もおりますのでできるだけ早くお願い致します。

まずは、とり急ぎご報告かたがたお願いまで。

草々

葉書の書き方

郵便番号を入れる

住所が二行にわたる
ときは一まとまりの
地名、番地が分かれ
ないように改行する。

宛名は中央に、住所
よりも大きめの文字
で書く。

日付は差出人の
氏名の上に小さく
書く

□□□ー□□□

東京都千代田区崎町

一五ー八三

高田安雄様

静岡県草薙三四

横山直子

六月二三日

□□□ー□□□

15課 회의 / 의견교환

01 社内での意見交換

表現

① その件は前もって訪問した方がいいのではありませんか。

② 消費者のニーズに合わせた方がいいと思います。

③ 双方の主張を取り入れた折衷案なんですが。

④ 先ほどそうおっしゃいましたね。

⑤ より大切なのは、製品の機能の面です。

⑥ 何と言っても安値が一番です。

⑦ 声を大にしていいたいんです。

⑧ 肝心かなめなのは繰り返し申し上げますが。

⑨ おっしゃるとおりです。

⑩ 皆さん異議なしですよね。

橋　本： 今度わが社で発売される新製品の価額設定につい
　　　　 て奥田さんの意見は?

奥　田： 新製品の価額ですね。

　　　　 実は先日の会議で出たその価額は少し高すぎると
　　　　 思いますが。

橋　本： そうですか。でも、前の製品と比べると新機種で
　　　　 あって新しい機能もたくさん付いているから大丈
　　　　 夫だと思いますが。

奥　田： それはそうですが、他社のものに比べてみると1
　　　　 万7千も高くて今の価額ですと他社のものとは競
　　　　 争力がつかないと思います。

橋　本： あー、そうですか。他社と比べてみたんですか。
　　　　 それはまずいんですね。

奥　田： それで、私の考えとしてはある程度他社の価額に
　　　　 合わせた上で、わが社はデザインの方を今より
　　　　 もっと消費者のニーズに合わせれば、少し高くて
　　　　 も消費者は飛び付くと思います。

橋　本： そうですね。又は?

奥　田： そして、一番肝心なのはPRの仕方です。つまり
如何に新製品をアピールするかの問題ですね。

橋　本： そうですね。では新製品のPRの方は各部署でい
いアイデアを出してもらうことにします。

奥　田： いつまでにしましょうか。

橋　本： 遅くても来週までですね。

奥　田： はい、わかりました。各部署にそう伝えておきま
す。

部　長：小林さん、おはよう。いい天気ですね。

小　林：部長、おはようございます。

部　長：みんなまだかな。

小　林：はい、まだ時間が早いので…。

部　長：8時40分だぞ。早くもないんだよ。出勤時間は何
　　　　時までなの?

小　林：一応9時までです。9時までは全員来ます。

部　長：冬はいいんだけど、夏の時は9時じゃ遅いんだよ
　　　　な。そう思わないか。

小　林：そうですが、出勤時間が9時になっていますので
　　　　その時間に合わせて来るらしいんです。

部　長：小林君はいつも早いと思うけどな。

小　林：私は家が近くて自転車で来ますので道に混む心配
　　　　がないもので。

部　長：それにしてもみんな遅いね。もう9時5分前だよ。

小　林：そろそろ来ると思います。

部　長：だめだな。来週からは夏の間だけでも出勤時間は
　　　　8時30分に引き上げなくちゃ。

小　林：はい。

部　長：みんな集ったら、私に連絡して。

小　林：はい。かしこまりました。

02 肯定的な表現

表現

① ある程度の<u>効果が</u>あると思います。

② アンケートの調査によると<u>若者にうける</u>という結果が出ました。

③ 以前の製品より主婦たちにも<u>手が届く</u>のではないかと思います。

④ 男の人より女の人のほうが<u>好感をもつ</u>ということでした。

⑤ 現在の計画に<u>適当</u>だと思われます。

Part 1

新製品の計画案

南 ： 課長、先日出した計画案1、いかがでしたか。

課　長 ： ああ、その計画案はかなり詳しかったけど、計画案1だけだったよね。

南 ： はい、そうです。取りあえず計画案1のほうを先に報告しておりました。

課　長 ： その計画案1の通りだと売り上げにかなりの効果があると思うよ。だからその通りに進んでもいいと思う。

南 ： はい、わかりました。ありがとうございます。

03 反論する表現

① 確かに<u>おっしゃるとおり</u>ですが、……。

② 基本的には<u>賛成</u>ですが、……。

③ その件についてはもう少し<u>考える必要がある</u>んですが、……。

④ 景気も悪くなりましたし、製品の値上げはちょっと<u>無理</u>ではないかと思います。

⑤ 第一、他社のと差別化できる点は、やはり<u>値段の面</u>だと思います。

⑥ こうしますと、ご指摘の問題も<u>解決</u>できると思います。

課　長：本田君、2005年度の新技術プロジェクトの件について話したいことがあるんだけと今いい。

本　田：はい、課長。何でしょうか。

課　長：この新技術プロジェクトの企画案の最終確認者は誰なの。

本　田：あ、それは山本君なんですが、何か問題でもありますか。

課　長：昨年の各代理店の販売価額が全部違うんじゃない。ほら。

本　田：えー、申し訳ございません。

課　長：君が誤ることではないんだけど。山本君は。

本　田：山本は今週の木曜日まで信州出張なんですが。

課　長：困ったな。仕方ないな。
　　　　なるべく早いうちに数字を正確に直して2012年度の新技術プロジェクトの企画案を出しなさい。わかった。

本　田：はい、かしこまりました。

課　長：そして、山本君が出張から戻ったら今の件について説明しておいて。

本　田：はい。

李　　　：社員寮の開設案が出ましたが、いかがでしょうか。

関　守：基本的には賛成なんですが、それは余りにも規模が莫大なものであって年内にと言うのはちょっと無理ではないかと思います。

李　　　：しかし、新築のではなくリモデリングでありますので、予算もそんなにかからないと思います。

関　守：それはそうだけど内装だけじゃなく、今の3階建てを5階にしなければならないので思ったより期間がかかると思います。

李　　　：おっしゃるとおりですが、社内には外国人が大勢勤務していますので、みんなが今のとおりですと大変不便さを感じています。また、仕事の能率も上がらないと思われます。

関　守：では、この開設案を明日の総会議の時に出してもらうことにします。

李　　　：はい、ありがとうございます。

関　守：明日の総会議に君も参加してもらいます。いいでしょうね。

李　　　：はい、そうします。宜しくお願いします。

次の提案について相互役割を決め、話し合ってみましょう。

① イギリス出張の件について

② 新製品の値引き率の引き上げについて

③ 創立25周年記念パーティーについて

④ 不景気をぬけられる方法について

⑤ 来年度の新製品のアイデアについて

MEMO

16課 관혼상제

01 お祝いの言葉

表現

1. 結婚祝い

① ご結婚おめでとうございます。

② ご結婚おめでとうございます。お二人の船出に幸多かれと祈ります。

③ ご結婚おめでとうございます。お二人の新しい門出を心からお喜び致します。

④ ご結婚おめでとうございます。これからもお二人で力を合わせて明るく楽しい家庭を築いていって下さい。

⑤ ご結婚おめでとうございます。お二人のご多幸とご両家のご発展をお祈りします。

⑥ ご結婚おめでとうございます。お二人の輝かしい未来を心よりお祈りします。

2. 就職祝い

① ご就職おめでとうございます。実力を存分に発揮しますますご活躍されることを期待します。

3. 創立祝い

① 創立を祝し今後ますますのご発展を心よりお祈り申し上げます。

② 今後の一層のご発展をお祈り致します。

4. 栄転祝い

① ご栄転おめでとうございます。

② ご栄転おめでとうございます。益々のご活躍をお祈り申し上げます。

5. 開店祝い

① ご開店おめでとうございます。今後のご繁栄をお祈りします。

② ご開店おめでとうございます。商売繁盛お祈り致します。

6. 誕生日祝い

① お誕生日おめでとうございます。

② お誕生日おめでとうございます。益々のご活躍とご健康を心からお祈り申し
  上げます。

7. 出産のお祝い

① ご誕生おめでとうございます。健やかなご成長をお祈りします。

② ご出産おめでとうございます。ますますにぎやかな家庭になりますね。

③ 赤ちゃんのお健やかなご成長を願い、まずはご安産の祝を申し上げます。

お悔やみの言葉と手紙

お悔やみ

① ご逝去を悼み、つつしんでお悔やみ申し上げます。

② 在りし日のお姿を偲び心からお悔やみ申し上げます。

③ 在りし日のお姿を偲び心からご冥福をお祈り申し上げます。

1. 一般的なお悔やみの言葉

「謹んで哀悼の意を表します」

「心からお悔やみ申し上げます」

「この度はご愁傷さまでございます。ご冥福をお祈りいたします」

2. キリスト教の場合

「安らかにお眠りになることをお祈りいたします」

3. 急死の場合

「あまりにも突然のことで、ご家族のお悲しみを思うと、なんと申し上げてよいのかわかりません」

「あまりにも突然のことで、いまだに信じられません」

4. 長い闘病後の場合

「一日も早いご回復をと願っておりましたが、心残りでなりません。どうぞお気をしっかりお持ちください」

「ご病気とはうかがっておりましたが、このようなことになろうとは。残念でなりません」

5. 高齢者の場合

「ご長命でしたのに、とても残念でございます」

 忌み言葉に注意

　お祝いの席での会話や祝い状では、不吉なことを連想させる忌み言葉を使わないように気をつけましょう。最近では気にしない人も増えていますが、配慮しておくにこしたことはありません。

出産祝い

流れる、消える、失う、弱まる、こわれる、くずれる、浅い、しおれる

賀寿祝い

死ぬ、枯れる、朽ちる、衰える、しなびる、しおれる、逝く

新築祝い・開店祝い

燃える、破れる、さびれる、傾く、倒れる、こわれる、飛ぶ、腐る

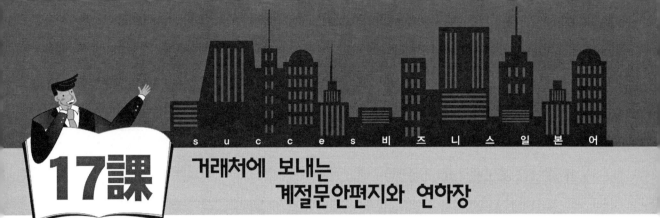

17課 거래처에 보내는 계절문안편지와 연하장

01 暑中見舞い 残暑見舞い

暑中見舞い・残暑見舞いによく使われる前文

(1) 暑中お見舞い申し上げます	(2) 暑中お伺い申し上げます	(3) 残暑お見舞い申し上げます
(4) うだるような日が続いております	(5) 厳しい暑さが続きますがいかがお過ごしでしょうか	(6) 今年は例年になく暑い日が続いております。

1. 取引先に送る暑中見舞い

拝啓

暑中お見舞い申し上げます。

　厳しい暑さが続きますがいかがお過ごしでしょうか。お仕事の方でいろいろと配慮してくださりいつも感謝しております。

皆様、夏風邪などお召しにならないようお見舞い申し上げる次第です。

　　　　　　　　　　　　　　　　　　　　　　　　　　　　　敬具

年賀状によく使われる祝詞

(1) 賀正・賀春・迎春	(2) 獻春・獻壽・御慶	(3) 謹賀新年・恭賀新年
(4) 明けましておめでとう ございます	(5) 新年おめでとうございます	(6) 謹んで新春のお喜びを申 し上げます
(7) 謹んで新年のごあいさ つを申し上げます	(8) 謹んで年頭の御祝詞を 申し上げます	(9) 年明けのご挨拶を申し上 げます

1. 取引先に送る年賀状

謹賀新年

明けましておめでとうございます。

旧年中は格別のご愛顧を賜り、誠にありがとうございました。

本年も皆様のご要望に速やかにお答えすべく、なお一層の頑張る所存
です。

　本年も宜しくお願い申し上げます。

皆様の益々のご繁栄を心からお祈り申し上げます。

2023年　元旦

---

2. 上司への年賀状

謹んで年頭の御祝詞を申し上げます。

昨年中はひとかたならぬ御厚情を賜り、厚くお礼申し上げます。

本年も相変わりませずお引き立てのほどお願い申し上げます。

2023年　元旦

3. 遅れ出す年賀状

謹んで新年のごあいさつを申し上げます。

早々に賀状を頂き、恐縮しております。怠けたわけではありません

がなんとなくおそれ多くてつい年賀状を出しそびれました。

深く反省しております。

遅ればせながら一筆したためました。

今後とも宜しくお願い申し上げます。

2023年 1月

拝啓

炎暑の候、皆様にはお変わりなくご活躍のこととお喜び申し上げます。

　平素は大変お世話になり厚くお礼申し上げます。

つきましては、細やかな謝意を表したくお中元の粗品を送らせていただきます。

皆様で御使いになってくだされば幸に存じます。

暑さもこれからますます厳しくなりますが、ご自愛のほどお祈り申し上げます。

敬具

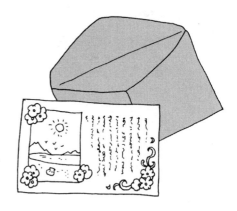

拝啓

今年もわずかとなりましたが、ご多忙の日々をお送りのことと存じます。

今年一年間ひとかたならぬご愛顧を賜り、心からお礼申し上げます。

さて、お礼の気持ちを込めましてほんの少しの粗品をお送り致しました。

ご笑納いただけたら幸に存じます。

敬具

MEMO

18課 출장

01 出張の準備

　「出張」へ行く場合には、社内での準備、出張の手続き、往復切符の手配、ホテルの予約などのいろいろ必要な準備があります。それぞれ各場面においての練習をしてみましょう。

社　長： 小野君、実は急用があってね。

小　野： 何でしょうか。

社　長： 例の件で私が直接ソウルに行く予定だが、君も同
　　　　 行してもらいたいんだ。

小　野： そうですか。SSU輸入の件なんですね。社長の随
　　　　 行は木村課長だと伺っておりましたが。

社　長： その木村課長はアメリカの方へ明日急に行かなけ
　　　　 ればいけないんだ。
　　　　 それで代わりが必要になっただよ。

小　野： それで、私がですか?

社　長： そう。小野君ならこの件の担当メンバーの一人で
　　　　 あるし、また韓国語ができるから適任だと思って
　　　　 ね。

小　野： はい、かしこまりました。それで、出張の出発は
　　　　 いつになりますか。

社　長： 明日の午後のJAL771便だけれど、準備は間に合
　　　　 うね。

小　野： はい、大丈夫です。それと帰りはいつになりますか。

社　長： 予定は一応、4泊5日だが、場合によっては二、三日延びる可能性があるからそのつもりで準備して。

小　野： はい、かしこまりました。

社　長： 今すぐ人事部へ行って海外出張の手続きを取って。それからソウルの韓国ホテルに予約の再確認もしておいてね。

小　野： はい、

社　長： では、ご苦労だが、今度の出張宜しく頼むね。

小　野： かしこまりました。

受 付 : ありがとうございます。韓国ホテルでございます。

小 野 : 東京物産ですが、部屋の予約の確認をお願いします。

受 付 : はい、少々お待ち下さい。

お待たせ致しました。恐れ入りますが、いつお泊

まりになるんでしょうか。

小 野 : 明日ですね。ですから18日です。

受 付 : はい、東京物産の武田様ですね。確か4泊5日のご

予約を承っております。

小 野 : はい、予定の通りに行きますのでお願いします。

受 付 : はい、お待ちしております。ありがとうございます。

① 手続きを取る。 ……………………………… 수속을 밟다.

② 出張日程を作る。 ……………………………… 출장일정을 작성하다.

③ 出張許可をもらう。 ……………………………… 출장허가를 받다.

④ 出張費を請求する。 ……………………………… 출장비를 청구하다.

⑤ 切符を手配しておく。 ……………………………… 표를 준비해 두다.

⑥ ホテルを予約する。 ……………………………… 호텔을 예약하다.

⑦ ホテルの再確認をする。 ……………………… 호텔을 재확인하다.

⑧ 取引先に連絡する。 ……………………………… 거래처에 연락하다.

⑨ 出張期間を調整する。 ……………………………… 출장기간을 조정하다.

⑩ 日程が延びる。 ……………………………… 일정이 늘어나다.

⑪ 迎えに来る。 ……………………………… 마중 나오다.

⑫ 出張報告書を書く。 ……………………………… 출장보고서를 쓰다.

⑬ 出張費を清算する。 ……………………………… 출장비를 정산하다.

⑭ 時間を変更する。 ……………………………… 시간을 변경하다.

⑮ 出張を延長する。 ……………………………… 출장을 연장하다.

練習

次の言葉を日本語に変えてみましょう。

① 비행기표는 인사부의 요시다씨에게 부탁하는 편이 좋습니다.

② 출장여비와 비행기표는 인사부에서 받도록.

③ 급히 결제를 받아야 될 일이 생겨서 예정을 앞당겨 돌아왔습니다.

④ 공항에서 대기석을 기다리는 편이 좋겠습니다.

⑤ 출장보고서를 오늘 중에 써서 사장님에게 보고해 주십시오

⑥ 출장비를 정산해서 남은 것은 반환해 주십시오

出　張　報　告　書

令和 ○年○月○日

貿易部長 殿
技術部長 殿

貿易第1課
鈴木 太郎

○○の納入価額改訂交渉について

出　発　先：ソウル物産株式会社
出張期間：平成○年○月○日～○日
同　行　者：技術課　橋本信吉
結論　　：標題の件を、先方の木村営業部長、西田技術課長ほかと協議の
　　　　　結果、部品の仕様の一部変更によるコスト引き下げにより、
　　　　　値上げ幅を0.9%とどめることを検討することで合意し、その
　　　　　回答を○月○日までに行うことにしました。なお、その他の
　　　　　要点は、下記の通りです。

記

1. 変更の部品と従来の部品の仕様上の相違点
(略)
2. 部品の仕様変更に関する本田技術課長見解
(略)
3. ソウル物産株式会社側の部品値上げに対する考え方
(略)
　　添付書類：ソウル物産提示の新部品仕様書　1部
　　　　　　　同じく変更部分に関する図面　　1部

以上

03 出張先への礼状

　　拝啓　このたび、私こと御地出張の節はご多忙中にもかかわらず、ひとかたならぬご高配を賜りまして誠にありがとうございました。
　　厚く御礼申し上げます。
　　特に資材を安く買える所を御地でご紹介いただいたことや○○社長さんにご丁重なお土産まで頂戴いたしまして、誠に恐縮いたしております。
　　お陰様でとどこおりなく所用を果たし、昨日無事に帰国いたしましたので、　他事ながらご休心くだされたく存じます。
　　なお、今後とも、宜しくご厚誼を賜りますよう切にお願い申し上げます。
　　とりあえず御礼まで。

敬具

2023年○月○日

○○株式会社

貿易課長○○

○○株式会社
貿易部長○○様

 일본의 경축일

1月1日	元日	7月20日	海の日
1月第2月曜日	成人の日	8月11日	山の日
2月11日	建国記念の日	9月19日頃	敬老の日
3月20日頃	春分の日	9月23日頃	秋分の日
4月29日	緑の日	10月10日	体育の日
5月3日	憲法記念日	11月3日	文化の日
5月4日	国民の休日	11月23日	勤労感謝の日
5月5日	子供の日	12月23日	天皇誕生日

MEMO

19課 비즈니스 사전교섭

01 根回し

表現

① 根回し　　　　　　： 사전교섭
② 合併　　　　　　　： 합병
③ リスク　　　　　　： 위험
④ 突っ走し　　　　　： 독주하다
⑤ 企画を立てる　　　： 기획을 세우다
⑥ 状況を調査する　　： 상황을 조사하다
⑦ 市場を分析する　　： 시장을 분석하다
⑧ 収益性を検討する　： 수익성을 검토하다
⑨ 内諾を得る　　　　： 비공식 승낙을 얻다
⑩ 予算を計上する　　： 예산을 계상하다(셈하여 넣음)

坂　木：　ABC商事との合弁のことだが、当社としてははじ
　　　　　めてですし、またリスクも大きいので反対される
　　　　　方もいるが、どう思いますか。

橋　本：　その件は今出張中である吉田が来なければ分から
　　　　　ないことですが、僕の見解としては現在ABC商事
　　　　　の方が海外の事業が活発に行われているので、展
　　　　　開すべきだと思います。

坂　木：　そうですね。リンダさんの根回しの結果によりま
　　　　　すね。

橋　本：　もちろんです。事前の工作が効果的ですから。

坂　木：　リンダさんは根回しが得意ですから。いい成果が
　　　　　あると思います。

橋　本：　彼女は男の人より仕事に対しては突っ走るから。

坂　木：　とりあえず、明日リンダさんの話しを聞いてから
　　　　　決めることにしましょう。

坂　木 ： 今日の会議は思ったよりうまくいきましたね。

橋　本 ： これも全部根回しの効果ですよ。会議の参加者全員のご理解を得たので成功したのではないかと思います。

坂　木 ： それにABC商事の社長の支持が決定的でしたね。

橋　本 ： 一人でも反対の方がいましたら、企画はつぶされかねませんから、やはりリンダさんの事前根回しのおかげですね。

坂　木 ： そうみても過言ではないな。

橋　本 ： では、早速実施案の検討に入りましょう。

坂　木 ： はい、これから忙しくなりますね。

橋　本 ： じゃ、急ごうよ。

MEMO

20課 비즈니스 경어

01 敬語使用法と表現

1. 特殊敬語動詞

普通	尊敬語	謙譲語
行く	いらっしゃる ・おいでになる	参る・伺う
来る	いらっしゃる・おいでになる お見えになる・お越しになる	参る・伺う
する	なさる	致す
いる	いらっしゃる・おいでになる	おる
知る	ご存じだ	存じる
飲む・食べる	召し上がる	いただく
言う	おっしゃる	申す
見る	ご覧になる	拝見する
着る	お召しになる	拝着する
会う		お目にかかる
聞く		伺う・承る・拝聴する
見せる		お目にかける・ご覧に入れる
思う		存じる
訪ねる		伺う
借りる		拝借する
わかる		承知する

2. 敬語の基礎知識

尊敬語−相手に敬意をはらい、その人のもの、動作、状態などを高めて表現するときに使います。

使い方のパターン

- 別の言葉に言い換える：

  言う → おっしゃる、食べる → 召し上がる、見る → ご覧になる、

  行く → いらっしゃる、知る → ご存じだ

- ～れる(られる)：言われる、話される、来られる
- お(ご)～なさる：ご連絡なさる、お引っ越しなさる
- お(ご)～になる：お聞きになる、ご出席になる
- お(ご)～くださる：お並びくださる、ご記入くださる
- 名詞や形容詞に「お(ご)」をつける：お体、ご家族、ご自宅、ご主人様、

  お考え、お住まい、おやさしい

- 特別な接頭語をつける：貴社、御社、御中、(ご)芳名

謙譲語−自分や身内の者(物)、動作、状態などをへりくだって表現するときに使います。

使い方のパターン

- 別の言葉に言い換える：

  言う → 申す・申し上げる、いる → おる、する → いたす、

  会う → お目にかかる、行く → うかがう、食べる → いただく、

  知る → 存じ上げる

- お(ご)～する、いたす(いたします)：お待ちする、ご案内する、お電話いたします
- お(ご)～申し上げる(申し上げます)：お願い申し上げます、ご連絡申し上げます
- ～(させて)いただく：読ませていただく、お届けいただく、見学させていただく
- 特別な接頭語をつける：拝見、拝借、弊社、小社、拙宅

丁寧語・美化語－話し手のていねいな気持ちを表現するために使います。美化語は言葉を美しく表現するためのものです。

使い方のパターン

- 別の言葉に言い換える：

    わたし → わたくし、こっち→こちら、みんな→皆様、どう→いかが、

    今度 → この度、あとで → 後ほど、きのう → 昨日(さくじつ)、

    今日 → 本日、いい → よろしい、少し → 少々

- ～です、～います：そうです、私です、あります、します、読みます
- ～でございます：お茶でございます、こちらでございます
- 名詞に「お(ご)」をつけて美化語にする：

    お茶、お金、お土産、お花、お水、お箸、お菓子、ご祝儀、ご年始

練習

次に適当な敬語表現を入れ完成文にしなさい。

尊敬語

① 見る　　　　→　企画案を＿＿＿＿＿＿＿＿＿＿＿＿＿＿＿＿＿＿＿＿

② 言う　　　　→　誠に申し訳ございませんが、＿＿＿＿＿＿＿＿＿＿＿

③ 食べる　　　→　朝食は ＿＿＿＿＿＿＿＿＿＿＿＿＿＿＿＿＿＿＿＿＿

④ いる　　　　→　事務室に石井部長は ＿＿＿＿＿＿＿＿＿＿＿＿＿＿＿

⑤ する　　　　→　常務はテニスをよく ＿＿＿＿＿＿＿＿＿＿＿＿＿＿＿

⑥ 座る　　　　→　どうぞこちらに ＿＿＿＿＿＿＿＿＿＿＿＿＿＿＿＿＿

⑦ 行く・来る　→　いつ取引先へ ＿＿＿＿＿＿＿＿＿＿＿＿＿＿＿＿＿＿

⑧ 来てもらう　→　お忙しいところをわざわざ ＿＿＿＿＿＿＿＿＿＿＿＿

⑨ くれる　　　→　カタログをお送り ＿＿＿＿＿＿＿＿＿＿＿＿＿＿＿＿

⑩ 知る　　　　→　日本商事の安田課長を　_____

謙譲語

① 言う　　　　→　出張の件について取引先の部長に_____

② 聞く　　　　→　部長、ちょっと　_____

③ 会う　　　　→　研究所で一度　_____

④ いる　　　　→　本日の6時まで事務所に　_____

⑤ 食べる　　　→　お先に昼御飯を　_____

⑥ 見る　　　　→　貴社のパンフレットを　_____

⑦ する　　　　→　それは私が　_____

⑧ 行く・来る　→　明日は必ず現場へ　_____

⑨ 見せる　　　→　実物より2倍拡大して　_____

⑩ 訪問する　　→　後日改めて　_____

02 ビジネス敬語の注意点

1. 同じ「内」の人には尊敬語を使わない。

　같은 직장 내 이른바 소속집단 내 에서는 자신의 상사에게 경어를 사용한다. 그렇지만 거래처나 손님 등 「外」관계 사람과의 회화에서는 자신이 소속한 「内」관계 사람에게는 자신의 상사라 해도 존경어 표현은 사용하지 않는다. 「内」관계 개념은 자신이 소속한 직장의 동료나 상사모두 「内」가 되므로 이를 「外」관계 사람에게 이야기할 때는 자신의 일부라 생각을 하여 겸양어 표현을 사용한다는 것에 주의한다. 또한 「社長」, 「部長」, 「課長」 등 직함에 이미 존경의 의미가 포함되어 있으므로 거래처 관계자 앞에서 자신의 상사를 부를 경우 이름에 직함을 바로 붙여 사용하지 않는다.

2. 敬語体は統一させること。

하나의 문장을 이야기할 때 존경어표현인 경우에는 존경어로 겸양어표현이면 겸양어로 회화체의 문체를 통일 시켜야 한다.

　　(正しい文)　　　→ 社長は今日中にお目にかかると申しております。

　　(正しくない文)　→ 社長は今日中にお目にかかると言っています。

3. 「お」와 「ご」의 구분 사용법

① 「お」를 관용적으로 붙이는 사물
- お部長の手紙(부장님의 편지), お客様のお荷物(손님의 짐), お手元の資料(바로 옆의 자료) … 상대방의 동작이나 소유물에 붙인다.
- お電話いたします。(전화하겠습니다.) … 상대방과 관계가 있는 경우에 붙인다.
- よいお天気です。(좋은 날씨입니다.) … 상대방과 관계없이 회화에서 정중하게 말할 때 붙인다.
- おでん(꼬치 안주), おなか(배), おむつ(기저귀), おみくじ(길 흉을 점치는 제비) … 「お」를 붙이지 않으면 의미를 알 수 없는 것에 붙인다.
- おひや(냉수), おにぎり(주먹밥), おひらき(폐회), おはぎ(경단의 한 가지) … 「お」를 빼면 다른 의미가 되는 것에 붙인다. 예를 들면, ひや(차가운), にぎり(쥠), ひらき(열림), はぎ(싸리).
- お茶わん(밥공기), お部屋(방), お着物(옷) … 여성어에는 붙지만, 남성어에서는 생략한다.

② 「お」를 관용적으로 붙이지 않는 사물
- 背がお大きい(키가 크다) … 「お」가 셋이나 겹치기 때문에 사용하지 않는다.
- 会議がお遅くなって終わった … 「おおそい」와 같이 「お」겹친다.
- お机(책상), お手帳(수첩), お道路(도로), お駅(역) … 사회적 시설이나 장소에는 붙이지 않는다.
- おノート(노트), おコート(코트), おビール(맥주), おコーヒー(커피) … 외래어에는 붙이지 않는다.

- お社長(사장), ご新郎(신랑), ご新婦(신부), ご婦人(부인) … 이미 높임말 뜻이 들어 있는 말에는 붙이지 않는다.
- おうなぎどんぶり(뱀장어 요리), お十二指腸かいよう(십이지장 궤양) … 긴 어휘에는 붙이지 않는다.
- おバカ(바보), お尻もち(엉덩방아), お便秘(변비), お下劣(용열) … 속어나 격을 낮추는 말에는 붙이지 않는다.

③ 「お」와 「ご」를 붙이는 호칭

- ご一同さま … 손님들. 현재는 잘 쓰지 않는다.
- お連れ様 … 손님이 두 사람 이상일 경우 그 동반자를 부르는 말.
- お二人様 … 두 사람의 손님을 동시에 부르는 말.
- ご夫婦 … 상대방, 또는 제3자의 부부를 화제에 올릴 때 쓴다.
- お連れ合い … 상대방 부부의 어느 쪽이나 부르는 말.
- ご主人さま … 상대방의 남편을 부르는 말.
- 御尊父様, 父上様, お父様 … 상대방 부친에 대한 경어. 편지문 등에 사용된다.
- 御母堂様, 母上様, お母様 … 상대방 모친에 대한 경어. 편지문 등에 사용된다.
- 御令息, 御子息, おぼっちゃま … 상대방의 아들.
- 御令嬢, 御息女, お嬢さま … 상대방의 딸.

④ 「お」와 「ご」를 붙이지 않는 호칭

- 私ども … 우리들, 저희들
- 一同 … 일동. 総務課の一同(총무과 일동)
- みなさま … 여러분.
- 小生 … 소생의 뜻으로 편지 등에서 남자가 자신을 낮추어 부르는 말이다.
- 貴殿 … 귀하의 뜻으로 현재는 편지문에 쓴다.
- 主人, 旦那さま … 자기 남편을 이르는 말. 「旦那さま」는 상대방의 남편을 부르는 경우에도 사용된다.
- 家内 … 상대방과 이야기할 때 자기 아내를 화제에 올릴 때에 쓴다. '우리집 사람'의 뜻
- 女房 … 친한 사이의 대화 속에서 자기 아내를 이를 때 쓴다. '마누라'의 뜻.
- 細君 … 친한 사이의 자기 아내나 상대방의 아내를 화제를 올릴 때 쓴다.

次の文を謙譲表現に変えなさい。

例： メールで送る

    → メールで<u>お送りします</u>

    → メールで<u>お送り致します</u>

① 荷物を持つ

    →

    →

② 改めて確認する

    →

    →

③ 電話をかける

    →

    →

④ コピーをとる

    →

    →

⑤ ファックスを直す

    →

    →

次の文を尊敬表現に変えなさい。

例：部長に伝える

　　→ 部長に<u>お伝えになりますか。</u>

① 社長と会う

　　→

② 社長に報告する

　　→

③ 会議室に全員案内する

　　→

④ 部長に早速連絡する

　　→

⑤ 取引先の専務を工場まで見送る

　　→

03 ビジネス敬語表現

 感謝の言葉の表現

① ひとかたならぬご厚情をいただきお礼の申しようもこざいません。

② お心のこもったお手紙誠に嬉しく存じます。

③ 今日あるのも一重にあなた様のお陰です。

④ 何よりの上等なお品をご恵贈いただき感謝しております。

⑤ お心盡しのおもてなし本当にありがとうございます。

上司の外出の知らせ

① 社内の人に：部長は現場の方へお出掛けです。

② 社外の人に：部長は現場の方へ出掛けております。

 お客さんが来たことのお知らせ

① 社内の社員同士：木村さん、お客さんですよ。

　　　　　　　　　　木村さん、お客さんが来ました。

② お客さんの前で：木村さん、お客さんが来られました。

　　　　　　　　　　木村さん、お客さんが見えました。

 日常業務中に使われる表現

① 上司が外出する時

　　→ いっていらっしゃいませ。(다녀오십시오)

② 上司が行き先を言わずに席を離れた場合

　　→ 申し訳ありませんが、どちらへ行かれたか分かりかねます。

　　　(죄송하지만 어디로 가셨는지 알 수 없습니다.)

③ 退勤する時

　　→ ご用がございますか、もしないようでしたらこれで失礼致します。

　　　(할 일이 있습니까. 만일 없을 것 같으면 이만 실례합니다.)

　　→ 何かお手伝いできることありませんか。…ないようでしたら、ではお

　　　先に失礼致します。

　　　(뭔가 도와드릴 일 없습니까? 없으시다면, 이만 실례하겠습니다.)

④ 休暇を申し込む時

    → 来週の月曜日お休みをいただきたいのですが、宜しいのでしょうか。

       (내주 월요일 휴가를 받고싶은데 괜찮겠습니까?)

    → 明日急用ができまして休ませていただきたいのですが、宜しいのでしょうか。

       (내일 급한 일이 생겨서 휴가를 받고싶은데 괜찮겠습니까?)

⑤ 社長に課長が午前11時に出発することを伝える時

    → 課長は3時に出発されます。(과장님은 3시에 출발하십니다.)

⑥ 上司の言葉を取引先の専務に伝える時

    → お忙しいところ恐れ入りますが、専務の岡本様にお伝え下さい。取引先について是非とも岡本様のご意見を承りたいと部長が申しております。明日再度当社からご連絡させていただきますが、宜しくお願い申し上げます。

       (바쁘신데 죄송합니다만 오카모토 전무님께 전해 주십시오. 거래처에 대해 꼭 오카모토님의 의견을 듣고 싶다고 부장님이 말씀하셨습니다. 내일 다시 저희 회사에서 연락 드리겠사오니 잘 부탁합니다.)

⑦ 上司に報告する時

    → 先ほど社長がお見えになり部長をお捜しでしたが。

       (아까 사장님이 오셔서 부장님을 찾으셨습니다만.)

    → 先ほどお見えになったお客様は常務と幼馴染みとおっしゃっていました。

       (아까 오셨던 손님은 상무님과 어릴적 친한 친구라고 말씀하셨습니다.)

⑧ 上司に呼ばれた時

    → はい、お呼びでございますか。(네, 부르셨습니까?)

    → はい、ただ今すぐ伺います。(네, 곧 가겠습니다.)

⑨ 上司から指示されたことが進まない時

→ 頼まれていたご用件は思う存分はかどりませんので申し訳ありません。

(부탁하신 용건은 생각대로 진척되지 못하기 때문에 죄송합니다.)

→ おおせられた仕事が予定までにできそうにないのですが。

(지시하신 일이 예정대로 완성될 것 같지 않습니다만.)

⑩ 上司に例をあげて説明する時

→ 統計の数字から申し上げますと。(통계숫자로 말씀드린다면.)

→ お忙しいようですので、手短かに結論だけ申し上げますと。

(바쁘신 것 같아 간단히 결론만 말씀드린다면.)

→ グラフを見て詳しい説明を申し上げますと。

(그래프를 보고 자세히 설명 드린다면.)

부재중인 사람에게 전할 말을 받는다.

▪ 복창과 확인

「製品のできあがりが一週間延びるということですね。」

(제품의 완성이 1주일 연기된다는 말씀이군요.)

「かしこまりました。取引先で吉村様より、お電話いただいたことを部長にきっと申し伝えます。私は上田と申します。」

(알았습니다. 거래 건으로 요시무라 님께서 전화 주셨다고 부장님에게 꼭 전하겠습니다. 저는 우에다라고 합니다.)

▪ 전화번호 확인

「すみませんが、念のため電話番号をお願いします。」

(죄송하지만 만약을 위해 전화 번호를 부탁합니다.)

「10時でないと、お電話さしあげられないと思いますが、いかがでしょうか。」

(10시가 아니면 전화드릴 수 없다고 생각합니다만, 어떻겠습니까?)

- 재확인

「私、上田がたしかにうけたまわりました。」

(저 우에다가 확실히 전달받았습니다.)

가만히 수화기를 놓는다.

- 마지막 인사

「せっかくおかけくださいましたのに申し訳ございませんでした。」

(모처럼 전화 주셨는데 죄송하게 되었습니다.)

「失礼いたしました。ごめんください。」

(실례했습니다. 죄송합니다.)

거절하는 말

- 難しいとは思いますが検討させていただきます。

(어려울 거라고 생각합니다만, 검토해 보겠습니다.)

- よく考えてみましょう。

(잘 생각해 보겠습니다.)

- よく考えさせてください。

(잘 생각해 보겠습니다.)

- みんなと一緒に再検討した上でご連絡いたしましょう。

(모두 함께 재검토한 뒤에 연락드리겠습니다.)

- またの機会にということで了承くださいませんか。

(다음 기회에 미뤄 주시지 않겠습니까?)

- けっこうなご提案ありがとうございますが、ただいまのところは何とも申しかねません。

(좋은 제안을 주셔서 감사합니다만, 지금으로서는 무어라고 말씀드리기 어렵습니다.)

- ご期待に添えず、誠に申し訳なく存じます。

(기대에 따르지 못해 참으로 죄송하게 생각합니다.)

- ご意向にそえず心苦しく思っております。

(뜻에 따르지 못해 마음 괴롭게 생각합니다.)

자택에 초대되었을 때

- よろこんで、おうかがいさせていただきます。

  (기꺼이 찾아뵙겠습니다.)

- あいにく、その日は結婚式に呼ばれています。ほんとうに残念ですが、次回には必ず。

  (공교롭게도 그 날은 결혼식에 초대받았습니다. 정말 유감입니다만 다음 번에는 꼭 (응하 겠습니다).)

① 방문시 현관에서

- 李秀吉でございます。本日はお招きにあずかりましてありがたく存じます。

  (이수길입니다. 오늘 초대해 주셔서 감사합니다.)

  「お招きいただきまして」보다「お招きにあずかりまして」가 더욱 정중한 표현이다.

② 작별할 때의 인사

- 大変おもてなしにあずかりまして恐れ入ります。

  (굉장한 대접을 받아 송구스럽습니다.)

- お蔭様で本当に楽しく過しました。またお誘いいただければ幸いでございます。

  (덕택에 정말 즐겁게 지냈습니다. 또 초대해 주신다면 다행으로 생각하겠습니다.)

- 思わぬ散財をおかけしてしまって…。

  (생각지 않게 많은 돈을 쓰셔서….)

- ついつい、長居をいたしまして、もうこんな時間ですか。

  (그만 너무 오래 있었습니다. 벌써 이런 시간이 됐습니까?)

- お心のこもった手料理、とてもおいしくいただきました。

  (정성이 담긴 손수 만든 요리, 매우 맛있게 먹었습니다.)

- お心尽しのおもてなし、ありがとうございました。

  (정성을 다하신 대접 감사하였습니다.)

- 今後ともよろしくお導き下さいませ。

  (앞으로도 잘 지도해 주십시오.)

- よろしく指導くださいますようお願いいたします。

  (잘 지도해 주시기를 부탁합니다.)

③ 초대받고 난 후

- いただきだけで申し訳ございませんが。

  (대접만 받아 죄송합니다.)

- 昨日は遅くまでおじゃまいたしました。ご馳走になりましてありがとうございます。

  (어제는 늦게까지 폐가 많았습니다. 대접해주심에 감사드립니다.)

다음 날 곧 상사의 댁으로 인사장을 낸다. 빠를수록 좋은데 혹 하루 지났을지라도, 「本日は(오늘은)」「昨夜は(어젯밤에는)」으로 시작하는 것이 좋다. 상대방의 주소 성명은 부처명 (夫妻名) 양쪽에 「~様」를 넣는다.

영업상의 접객 경어 표현

접대 표현

[보통 표현]	[존경어 표현]
はい、そうします。 (네, 그렇게 하겠습니다.)	→ 「はい、そのようにさせていただきます。」 (네, 그렇게 하겠습니다.)
あなたはだれですか。 (당신은 누구죠?)	→ 「失礼ですが、どなた様でいらっしゃいますか。」 (실례지만, 누구십니까?) 「恐れ入りますがお名前を頂戴できますでしょうか。」 (죄송하지만, 성함을 말씀해 주시겠습니까?)
何の用ですか。 (무슨 용건입니까?)	→ 「失礼ですが、どのようなご用件でしょうか。」 (실례지만, 어떤 용건이십니까?) 「お差しつえなければ御用向きをおっしゃっていただけますか。」 (지장 없으시다면 용건을 말씀해 주시겠습니까?)
予約はしたのですか。 (예약했습니까?)	→ 「恐れ入りますが、ご予約をいただいておりますでしょうか。」 (죄송하지만, 예약을 하셨습니까?)
分かりました。 待っています。 (알았습니다. 기다리고 있습니다.)	→ 「かしこまりました。お待ち申し上げております。」 (알겠습니다. 기다리고 있습니다.) 「かしこまりました。お待ちしております。」 (알겠습니다. 기다리고 있겠습니다.)
そんなことはできません。 (그런 일은 할 수 없습니다.)	→ 「そのようなことはいたしかねます。」 「そのようなことはできかねます。」 (그런 일은 할 수 없습니다.)
忘れものをしないように。 (잊어버리는 것 없도록.)	→ 「お忘れものをなさいませんように。」 (잊어버리는 것 없으시도록.)
後から案内します。 (나중에 안내하겠습니다.)	→ 「後ほどご案内申し上げます。」 (나중에 안내해 드리겠습니다.)
わかりにくいと思いますが。 (이해하기 어려우리라 생각합니다만.)	→ 「おわかりになりにくいかと存じますが。」 (이해하시기 어려우시리라 생각합니다만.)

저자 이윤진 李侖珍

학력
· 시즈오카켄리츠대학(静岡県立大学) 국제관계학부 일본언어문화학과 졸업
· 한국외국어대학교 교육대학원 일본어교육학 석사
· 한국외국어대학교 대학원 일어일문학 문학박사

직력
· (현)엔디에스코리아 대표
· (현)NHK어학원 원장
· (현)서일대학 비즈니스일본어과 겸임교수
· 한국외국어대학교 외래교수
· (주)두데코 무역부 과장
· 우리스텔(주) 관리부 부장

[개정판]
비즈니스 성공을 위한
NEW SUCCESS 비즈니스 일본어

초판인쇄 2023년 2월 21일
초판발행 2023년 2월 28일

저   자 이윤진
발 행 인 윤석현
발 행 처 제이앤씨
등록번호 제7-220호
책임편집 박채린

우편주소 132-702 서울시 도봉구 우이천로 353
대표전화 (02) 992-3253(대)
전   송 (02) 991-1285
전자우편 jncbook@hanmail.net

ⓒ 이윤진, 2023.

ISBN 979-11-5917-229-8   13730   **정가** 14,000원